MARCO POLO

Reisen mit **Insider Tipps**

WEIMAR

MIT UMGEBUNG

Niedersachsen
Potsdam
Magdeburg
Sachsen-Anhalt
Brandenburg
Erfurt
Weimar
Sachsen
Dresden
Hessen
Thüringen
Frankfurt/Main
TSCHECHIEN
Bayern
Nürnberg
Baden-Württemberg
Donau
Elbe
Weser
Main

MARCO POLO Autoren
Kerstin Sucher und Bernd Wurlitzer

Zu Weimar haben die Reisejournalisten eine besondere Bindung – hier lernten sie sich kennen. Kerstin Sucher, für das touristische Auslandsmarketing in Weimar verantwortlich, zeigte Bernd Wurlitzer, der zur Recherche gekommen war, ihre Stadt. Beide reisen regelmäßig nach Weimar, um Freunde zu besuchen, Neues zu entdecken und neben kultureller Vielfalt auch das kleinstädtische Flair zu genießen.

www.marcopolo.de/weimar

Die besten Insider-Tipps → S. 4

INSIDER TIPP

Best of ... → S. 6

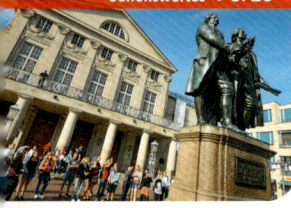

Sehenswertes → S. 26

Essen & Trinken → S. 58

SYMBOLE

INSIDER TIPP Insider-Tipp

★ Highlight

● ● ● ● Best of ...

☼ Schöne Aussicht

☺ Grün & fair: für ökologi-
sche oder faire Aspekte

**PREISKATEGORIEN
HOTELS**

€€€ über 100 Euro

€€ 70–100 Euro

€ bis 70 Euro

Preise pro Nacht für zwei Personen im Doppelzimmer mit
Dusche/WC und Frühstück

**PREISKATEGORIEN
RESTAURANTS**

€€€ über 16 Euro

€€ 12–16 Euro

€ bis 12 Euro

Preise für ein Hauptgericht
ohne Vor- und Nachspeise
und ohne Getränke

INHALT

Einkaufen → S. 66

Am Abend → S. 70

Übernachten → S. 74

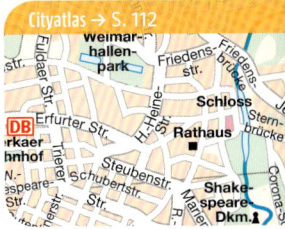
Cityatlas → S. 112

KARTEN IM BAND
(114 A1) Seitenzahlen
und Koordinaten verweisen
auf den Cityatlas und die Um-
gebungskarte. (0) Ort/Adres-
se liegt außerhalb des Karten-
ausschnitts. Es sind auch die
Objekte mit Koordinaten versehen, die nicht im Cityatlas
stehen. (U A1) Koordinaten
für den Innenstadtplan im
hinteren Umschlag.
Einen Liniennetzplan finden
Sie im hinteren Umschlag.

**UMSCHLAG HINTEN:
FALTKARTE ZUM
HERAUSNEHMEN →**

FALTKARTE
(🛈 A–B 2–3) verweist auf
die herausnehmbare Falt-
karte
(🛈 a–b 2–3) verweist auf
die Zusatzkarte auf der Faltkarte

Die besten MARCO POLO Insider-Tipps

Von allen Insider-Tipps finden Sie hier die 15 besten

INSIDER TIPP Kino in ungewöhnlichem Ambiente

Anspruchsvolle Filme – im Sommer unter freiem Himmel – begeistern im ehemaligen Straßenbahndepot. Aber auch die unkonventionelle Atmosphäre macht das Lichthaus-Kino zu etwas Besonderem → **S. 72**

INSIDER TIPP Ideal für Radler

Radfahrer sind willkommen in dem kleinen Landgasthof Kipperquelle, der direkt am Ilmradweg liegt → **S. 78**

INSIDER TIPP Feine Kultur

Fast wie zu herzoglichen Zeiten: Zu Pfingsten bietet das Festival Schloss Ettersburg einen vielfältigen Kulturmix aus Musik, Theater, Lesungen und Gesprächen → **S. 102**

INSIDER TIPP Echte Handarbeit

Nur noch wenige Köche bereiten die Thüringer Klöße ausschließlich von Hand zu. In der Scharfen Ecke ist es so und das schmeckt man → **S. 63**

INSIDER TIPP Musikalischer Genuss

Zweimal im Monat laden Musikstudenten zur Matinee am Montag ins Liszt-Haus ein und spielen auf dem originalen Bechsteinflügel des Komponisten → **S. 50**

INSIDER TIPP Blick von oben

Der schöne Blick auf die Stadt entschädigt für den etwas mühevollen Aufstieg auf den Turm der Jakobskirche (Foto re.) → **S. 43**

INSIDER TIPP Lebenslust pur

In der Wagnergasse, Jenas Kneipenmeile, pulsiert das Leben. In zahlreichen Restaurants und Bars wird die Nacht durchgemacht (Foto o.) → **S. 92**

INSIDER TIPP Erinnerung an dunkle Zeiten

Besichtigen Sie ein wichtiges und eindrucksvolles Werk der zeitgenössischen Kunst: Rebecca Horns Rauminstallation „Konzert für Buchenwald" setzt sich mit dem Holocaust auseinander → **S. 44**

INSIDER TIPP **Wie bei Oma und Opa**
Kleine und große Puppenfreunde bekommen leuchtende Augen: Die Schausammlung historischer Puppenstuben und Puppen im Palais Schardt gibt Einblicke in vergangene Zeiten → S. 45

INSIDER TIPP **Das Bauhaus lebt**
Das Staatliche Bauhaus wurde in Weimar gegründet und noch heute können Sie in der Stadt auf den Spuren der legendären Gestalterschule wandeln. Ein Beispiel für die neue sachliche Architektur des Bauhauses ist das Haus am Horn → S. 50

INSIDER TIPP **Alles dreht sich um den Kaffee**
Ein verführerischer Duft zieht durch die Gasse: Das angenehm würzige Aroma kommt aus dem Caféladen, einem Paradies für Liebhaber der schwarzen Bohnen. Hier gibt es Kaffee in allen Variationen, zum Kaufen, Ausprobieren und Genießen → S. 69

INSIDER TIPP **Wohnen am Schloss**
Das Residenz-Café ist eines der ältesten Kaffeehäuser der Stadt. Angenehm wohnen können Sie im Obergeschoss in der Kleinen Residenz. Und dazu genießen Sie den Blick auf das Stadtschloss → S. 79

INSIDER TIPP **In der Welt der Tropen**
Üppige Vegetation und tropische Temperaturen: ideale Bedingungen für die mehr als 400 farbenprächtigen exotischen Falter im Schmetterlingshaus des Egaparks in Erfurt → S. 86

INSIDER TIPP **Minitheater mit 75 Plätzen**
Ein Kleinod für Theaterfreunde mit einem vielseitigen Programm: das Liebhabertheater von Schloss Kochberg → S. 88

INSIDER TIPP **Podium der Weltkulturen**
Skurriles und Schrilles, Banales und Großes: Musik und Kunst in all ihren Facetten bietet das Festival Kulturarena in Jena → S. 91

BEST OF ...

SPAREN

● *Glockenspiel auf dem Markt*
Feine Klänge sind auf dem Marktplatz zu hören, wenn das *Glockenspiel* aus Meißener Porzellan am Rathaus ertönt. Viermal am Tag vergessen die Touristen Goethe und Schiller, Rostbratwurst und Ginkgobäumchen und lauschen dem kostenlosen Musikerlebnis → S. 35

● *Ein ganzes Museum für den Ginkgo*
Goethe liebte den Ginkgo über alles und widmete ihm ein Gedicht. Vieles über den Baum mit dem zweigeteilten Blatt erfahren Sie in dem kleinen *Ginkgo-Museum*. Der Eintritt ist frei und auch ein Ginkgo-Tee bekommen Sie umsonst – sofern Sie ihn probieren möchten → S. 32

● *Musikhochschüler geben Klassikkonzerte*
Studenten der Hochschule für Musik „Franz Liszt" zeigen regelmäßig bei Konzerten ihr Können. Die Zuhörer applaudieren kräftig, nicht nur aus Freude über die kostenlosen Aufführungen, sondern auch als Anerkennung für die gebotenen Leistungen → S. 72

● *Russischer Garten Belvedere*
Die Zarentochter Maria Pawlowna sollte sich fern der Heimat wohlfühlen. Ihr Gemahl ließ deshalb den *Russischen Garten* für sie anlegen. Heute amüsieren Sie sich ganz ohne Eintrittsgeld wie ein Mitglied der Hofgesellschaft: beim Lustwandeln durch die Anlage, im Heckentheater nebenan oder beim Versteckspiel im Labyrinth (Foto) → S. 55

● *Orgelklänge zur Mittagszeit*
Ein musikalischer Appetithappen sind die *Mittagsmusiken* in der Herderkirche. Ab 12 Uhr braust und tönt 15 Minuten lang die Sauerorgel. Das kostenlose Minikonzert stimmt Sie auf die Mittagszeit ein und macht Lust auf mehr Orgelklänge → S. 32

● *Ausstellung zur Geschichte des Schirms*
Regen- oder Sonnenschutz, in bunter Farbenpracht oder mit Spitze: Im kleinen *Schirmmuseum* entdecken Sie die Geschichte des Schirms – und das, ohne Eintritt zu bezahlen → S. 68

● ● ● ● Diese Punkte zeichnen in den folgenden Kapiteln die Best-of-Hinweise aus

● **Bei Herrn Goethe daheim**

Ein Muss für jeden Besucher der Stadt ist *Goethes Wohnhaus*. Weimars heilige Hallen atmen noch heute die Aura von Deutschlands bedeutendstem Dichter → S. 30

● **Ein Markt voller Zwiebeln**

Herbstlich grüßen die Zöpfe aus weißen und roten Zwiebeln und farbenfrohen Trockenblumen. Am zweiten Oktoberwochenende zieht es die Menschen in Scharen auf den *Weimarer Zwiebelmarkt*. In der gesamten Innenstadt herrscht buntes Treiben (Foto) → S. 103

● **Ruhmreiche Anna-Amalia-Bibliothek**

Die Schlagzeilen um den aufsehenerregenden Brand von 2004 sind verblasst, nach der Restaurierung erstrahlt der berühmte Rokokosaal der *Herzogin-Anna-Amalia-Bibliothek* in neuem Glanz. Bestaunen Sie außerdem die wertvollen Bücher und Kunstwerke → S. 33

● **Herderkirche**

Wer die *Stadtkirche St. Peter und Paul* mit ihren zahlreichen Kunstwerken besichtigt, kann beinahe hören, wie hier einst die Predigten Johann Gottfried Herders durch die Gänge hallten → S. 46

● **Führung zu Weimars Bauhausstätten**

Das Bauhaus hat zahlreiche Spuren in der Stadt hinterlassen. Auf dem *Bauhaus-Spaziergang* mit Weimarer Studenten werden Geschichte und Geschichten der legendären Gestalterschule lebendig → S. 48

● **Thüringer Rostbratwurst**

Ein würziger Duft liegt über der Stadt – er kommt von den Holzkohlegrillen, auf denen die Thüringer Rostbratwürste brutzeln. Die schmackhafte und sogar EU-geschützte Wurst gehört zu Weimar wie Goethe und Schiller. Herzhaft hineinbeißen können Sie z. B. beim *Bratwurstpoint* auf dem Markt → S. 35

● **Spazieren im Ilmpark**

Wandeln Sie auf den gleichen Wegen, auf denen einst die Weimarer Geistesgrößen flanierten. Mit Monumenten und Denkmälern hat man im *Park an der Ilm* nicht gespart → S. 94

TYPISCH

BEST OF ...

REGEN

● Multimediale Ausstellung

Goethe und Schiller spazieren vorbei, aber auch Luther und Herzogin Anna Amalia begegnen Ihnen im *Weimar-Haus*. Das Museum macht Weimarer und Thüringer Geschichte virtuell erlebbar → S. 37

● Shoppen gegen den Regen

Im Einkaufszentrum *Atrium* können Sie ausgiebig die Zeit vertun, wenn das Wetter nicht mitspielt. Nach der Shoppingtour schlürfen Sie im Obergeschoss einen heißen Kaffee. Und wenn es immer noch regnet: ab ins Kino! → S. 66

● Erforschen Sie Weimars Höhle

Nasse Füße bekommen Sie im unterirdischen Stollensystem nicht. In der *Parkhöhle* hören und sehen Sie viel Interessantes zu Geologie, Stadt- und Bergbaugeschichte. Und Sie erfahren, warum es die Höhle mitten in Weimar gibt → S. 52

● Stadtrundfahrt im historischen Bus

Im Nachbau eines wunderschönen 1925er Talbot-Busses kommt Nostalgiestimmung auf. Der *Belvedere-Express* bringt Sie stilvoll und trocken zu allen Sehenswürdigkeiten. Nur für die Führung durch Belvedere oder Tiefurt müssen Sie den Regenschirm rausholen → S. 111

● Eindrucksvolles Museum im Stadtschloss

Ein Regentag eignet sich hervorragend für einen Besuch im *Schlossmuseum*. Sie können sich richtig viel Zeit nehmen. Die brauchen Sie auch, um die beeindruckende Vielfalt an Kunstschätzen zu entdecken. Ihnen werden die Augen übergehen! (Foto) → S. 45

● Abends ins Theater

Kunstgenuss par excellence: Ob Schauspiel, Oper oder kleines Theater – ein Besuch im traditionsreichen *Deutschen Nationaltheater* ist beim Weimarbesuch ein Muss → S. 73

● Wellnessprofis am Werk

Wohlige Wärme, sanfte Massagen, angenehme Düfte – die individuell abgestimmten Behandlungen im *Wellness-Tempel Weimar* sind Streicheleinheiten für Körper, Geist und Seele → S. 56

● Café an der Flaniermeile

Mit einer Tasse dampfendem Kaffee und einem Stück Kuchen aus der hauseigenen Konditorei lassen Sie sich nieder und beobachten die vorbeispazierenden Menschen. Wer im Café *Frauentor* einen Platz im Freien bekommt, möchte gar nicht wieder aufstehen → S. 60

● Die Ruhe in Herders Garten

Herders Hausgarten ist ein grünes Refugium mitten in der Stadt. Lassen Sie sich nieder in dieser blühenden Oase und gönnen Sie Ihren Füßen eine Pause von Ihren Erkundungstouren in Weimar (Foto) → S. 42

● Therme mit Musik und Lichtspiel

Ein Bad in Klang und Licht? In der *Toskana-Therme* in Bad Sulza können Sie sich diesem besonderen Entspannungserlebnis hingeben. Schalten Sie ab bei Unterwassermusik und beruhigenden Lichteffekten → S. 83

● Mit der Kutsche durch Weimar

Einsteigen, zurücklehnen, schauen und genießen – erleben Sie Weimar von der *Pferdekutsche* aus und lassen Sie sich in die Zeit zurückversetzen, als noch Herr Goethe durch die Gassen lief → S. 111

● Savoir vivre im französischen Bistro

Im kleinen *Bistrôt français* weiß man zu leben und zu genießen. Die *patronne* verwöhnt die Gäste mit Gerichten aus ihrer Heimat, französisches Flair gibt es gratis dazu → S. 62

● Anna Amalias Park

Nach Tiefurt zog sich Anna Amalia in den Sommermonaten zurück. Genießen Sie wie einst die Herzogin Ruhe und Beschaulichkeit im idyllischen *Tiefurter Landschaftspark* am Stadtrand → S. 57

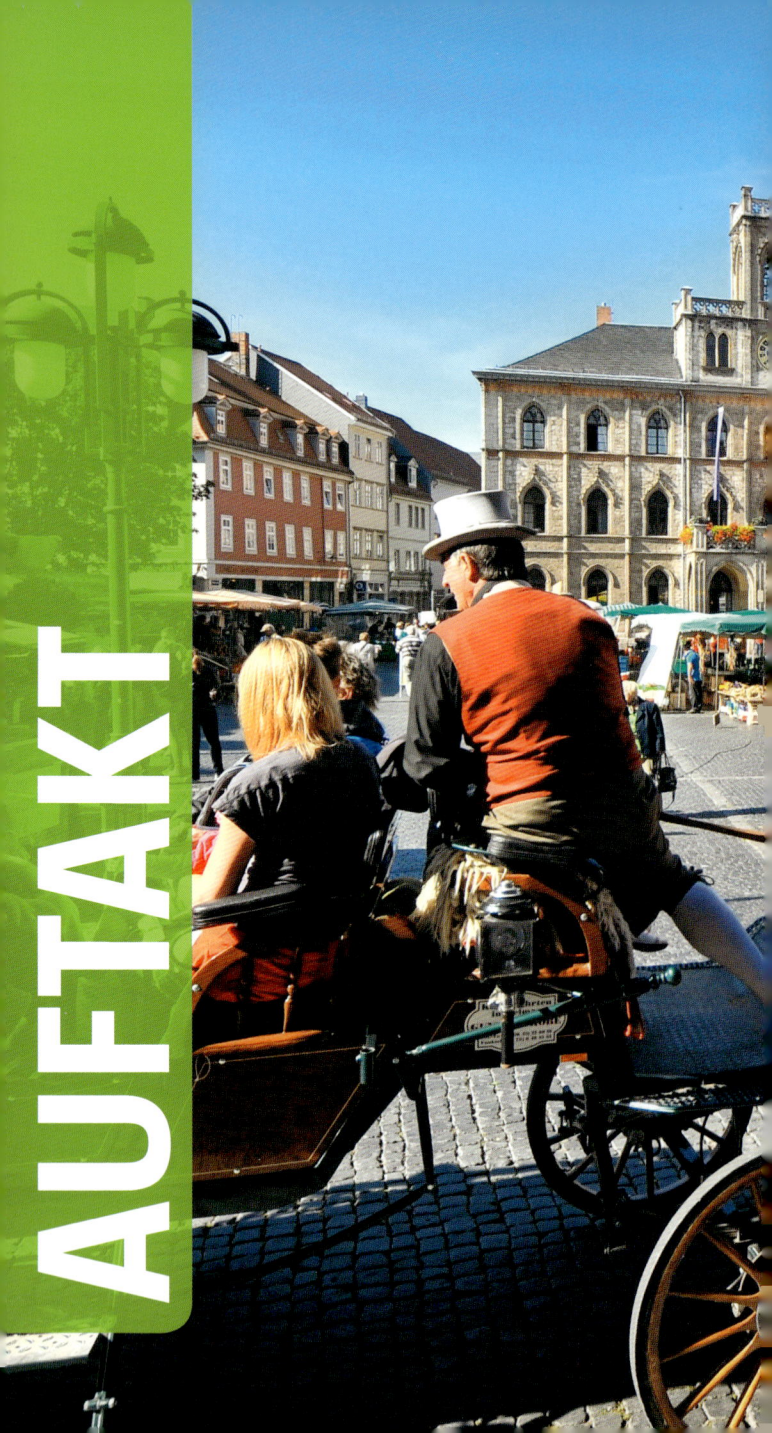

AUFTAKT

ENTDECKEN SIE WEIMAR!

Leises Klavierspiel klingt aus der Musikhochschule Franz Liszt, Jogger traben durch den Ilmpark, das grüne Herz Weimars. Vor Goethes Wohnhaus erzählt eine Stadtführerin Anekdoten aus dem Leben des großen Dichters, während über das holprige Pflaster der Gassen die mit Touristen voll beladenen Pferdekutschen rumpeln. Und auf der Terrasse des Residenz-Cafés, kurz „Resi" genannt, gibt es frisches Schokoladensoufflé. Gemütlichkeit im Schatten großer Kultur – das ist Weimar. Ein Städtchen im Herzen von Thüringen mit rund 65 000 Einwohnern, das man einfach mögen muss.

Weimar ist ein Idyll – aber mit weltstädtischem Flair. Dafür sorgen Tausende von Touristen aus aller Herren Länder. Sie kommen, weil es hier Kunstschätze von gestern und heute gibt, Geschichte zum Anfassen sowie Kultur in Hülle und Fülle. 1999, als Weimar Kulturhauptstadt Europas wurde, begann man, das betuliche Museumsdasein wegzuschieben, man wollte nicht länger die Stadt der toten Dichter sein, die provinzielle Enge wurde gesprengt. Heute ist Weimar eine moderne, lebendige Kulturstadt.

Bild: Marktplatz von Weimar

Die Kultur beschränkt sich nicht mehr nur auf die Klassiker, die Museen und das Nationaltheater. Vielfalt und Kreativität sind die Leitmotive für Konzerte und Lesungen, Ausstellungen und Symposien, von denen viele internationale Bedeutung beanspruchen. Das Kunstfest Weimar, das jedes Jahr im Sommer stattfindet, ist ein Beispiel dafür. Mit Originalität und künstlerischen Ambitionen behauptet es sich in Deutschlands Festivallandschaft – wenn auch nicht ohne Mühe, weil die Gelder spärlich fließen.

Zu Weimar gehören nicht nur Goethe und Schiller

Zu Weimar gehören nicht nur Goethe und Schiller. Die Stadt ist der Ursprungsort des Bauhauses, der legendären Avantgardekunstschule des 20. Jhs. Und hier verabschiedete die Deutsche Nationalversammlung am 11. August 1919 die Weimarer Reichsverfassung, die erste demokratische Verfassung in Deutschland. Die Stadt repräsentiert deutsche Geschichte, im guten wie im schlechten Sinn. Hier waren nicht nur Kultur und Geist zu Hause, sondern auch Unkultur und Barbarei. Weimar ist eng mit dem dunkelsten Kapitel in Deutschlands Vergangenheit verbunden. Nahe Schloss Ettersburg, wo zu Goethes Zeit über die Werte der Menschheit diskutiert worden war, errichteten die Nationalsozialisten das Konzentrationslager Buchenwald. Rund 56 000 Menschen brachten sie hier um. Nach dem Zweiten Weltkrieg richtete der sowjetische Sicherheitsdienst in Buchenwald ein in der DDR-Geschichtsschreibung nicht erwähntes Speziallager ein, in dem mehr als 7000 Menschen den Tod fanden.

Zu den bedeutenden Einrichtungen der Stadt, die auf der Welterbeliste der Unesco stehen, gehört die Herzogin-Anna-Amalia-Bibliothek. Fast 1 Mio. Bücher, darunter

Kunst auf Schritt und Tritt: Am Frauenplan hat es sich ein Riese bequem gemacht

kostbare Handschriften und Drucke, werden hier aufbewahrt. 2004 machte die Bibliothek weltweit Schlagzeilen. Ein verheerendes Feuer vernichtete in der Nacht zum 3. September große Teile des berühmten Rokokosaals und rund 50 000 wertvolle Bücher. Die Bundesregierung sprach von einer nationalen Katastrophe. Am 24. Oktober 2007 – dem 268. Geburtstag der namensgebenden Herzogin – wurde die Bibliothek unter großem öffentlichen Interesse wieder eröffnet.

In seiner Geschichte döste Weimar lange vor sich hin. Erst als sich Johann Wolfgang von Goethe 1775 das schmucke Residenzstädtchen an der Ilm zum Wohnort wählte, war es mit der Ruhe vorbei. Christoph Martin Wieland – die Herzogin hatte ihn als Prinzenerzieher hierher geholt – war schon drei Jahre in der Stadt. Nach Goethe kam Johann Gottfried Herder, als Letzter des klassischen Quartetts fand Friedrich Schiller den Weg nach Weimar. Was wäre wohl aus der Residenzstadt geworden, hätten sich die vier hier nicht niedergelassen und wohlgefühlt, hätte es nicht die aufgeschlossene Herzogin Anna Amalia und den kunstsinnigen Herzog Carl August gegeben? Weimar wäre heute eine Provinzstadt wie viele andere. So aber ist es ein Muss in jedem Reiseführer über

> **Hier konzentrieren sich deutsche und europäische Kulturgeschichte**

Deutschland und Europa. Denn hier konzentrieren sich auf engstem Raum deutsche und europäische Kulturgeschichte wie sonst nur in großen Metropolen.

Goethe war bereits zu Lebzeiten eine Art Denkmal, nicht wenige kamen nur seinetwegen nach Weimar. Doch auch andere große Namen sind mit der Stadt verbunden: Martin Luther, Lucas Cranach d. Ä., Johann Sebastian Bach und Richard Strauss.

Weimar ist die Stadt von Franz Liszt, der Kapellmeister in außerordentlichen Diensten war, von Max Liebermann, der einen Teil seiner Ausbildung hier erhielt, von Marlene Dietrich, die hier Geigen- und Klavierunterricht nahm, und von Friedrich Nietzsche, dem großen Philosophen der Moderne. Frischen Wind in die Stadt brachten bereits vor annähernd 100 Jahren Henry van de Velde, „der Alleskünstler für alles", sowie Harry Graf Kessler, der leidenschaftlich die moderne Kunst förderte. Und wenig später sorgten die Bauhäusler Walter Gropius, Lyonel Feininger, Paul Klee und Walter Marcks mit ihren Arbeiten für Aufsehen.

Weimar ist außerdem eine Stadt der Kunstschätze. Beispielsweise besitzt das Schlossmuseum eine der größten Cranach-

Sammlungen der Welt sowie Gemälde von Albrecht Dürer, Johann Friedrich August Tischbein und Caspar David Friedrich. Die Stadt geht in der Museumslandschaft aber auch neue, moderne Wege. So führen im jungen Weimar-Haus Bühnenspezialeffekte, Wachsfiguren und Multimediapräsentationen auf unterhaltsame Weise durch die Geschichte Thüringens und Weimars.

In den nächsten Jahren wird sich die Museumslandschaft mehr als in den vergangenen 100 Jahren wandeln! „Kosmos Weimar" nennt sich das enorme Programm, das bis zum Jahr 2017 reicht und für das Bund, Land und Stadt die gigantische Summe von rund 150 Mio. Euro bereit stellen. Weimar soll zu einem Lernort für alle werden – mit dem Residenzschloss im Mittelpunkt. „Kosmos Weimar" heißt deshalb auch die neue Dauerausstellung im Schloss, die als Anlaufpunkt aller Besucher gedacht ist. Zu den Veränderungen gehört u. a., dass man sich im Schloss Belvedere auf die Repräsentationslust und Prachtentfaltung eines absolutistischen Herrschers konzentriert und die großherzoglichen grafischen Sammlungen sowie die Grafiken Goethes zum Kupferstichkabinett zusammengeführt werden. Die Brücke zur Gegenwart wird das neue Bauhaus-Museum schlagen. Endlich bekommt die Stadt ein Museum, das der modernsten Gestalterschule des 20. Jhs. gerecht wird.

Dieselbe Elle wie an Weltmetropolen sollten Sie jedoch auch in Zukunft nicht an Weimar anlegen. Es ist eine Kleinstadt mit der Beschaulichkeit, die Orten dieser Größenordnung nun einmal eigen ist. Dazu gehört etwa der Duft der berühmten auf den Holzkohlegrills brutzelnden Rostbratwürste, der durch

Durch die Gassen schwebt der Duft der Rostbratwürste

die Gassen schwebt. Der Bratwurstverkäufer auf dem Markt bedauert, dass er mit dem Dichterfürsten Goethe nicht werben kann, denn „der liebte leider die Frauen mehr als die Bratwurst".

Aber den Ginkgo mochte Goethe, den Baum mit den zweigeteilten Blättern, die in der Stadt geschäftstüchtig vermarktet werden: Ginkgobäumchen, Ginkgosamen, silberne und goldene Ginkgoblätter als Schmuck, Ginkgo-Schokoladenblättchen können Sie hier kaufen. Vor allem aber liebte Goethe den Wein. Rund 20 Prozent seiner Einnahmen soll er laut einem Haushaltsbuch dafür ausgegeben haben. Deshalb findet jedes Jahr zu Goethes Geburtstag vor seinem Haus am Frauenplan ein Weinfest statt. Die Gegend hat eine 1000 Jahre alte Winzertradition, bis vor rund 400 Jahren wuchsen hier an nahezu jedem Hang Reben. Aus dem Saale-Unstrut-Gebiet mit seinem milden, trockenen und sonnigen Klima kamen edle Tropfen. Nach der Wiedervereinigung besann man sich dieser Vergangenheit. Zu denen, die den Weinbau wieder aufleben lassen, gehört Georg Prinz zur Lippe, der in der Weinwirtschaft Sachsens ein gewichtiges Wort mitredet. Die größte Weinlage der Region, am Poetenweg im Weimarer Ortsteil Schöndorf, hat er bereits aufgerebt. Nicht mehr lange, dann werden wieder Weine mit so schönen Namen wie zur Goethezeit, „Prinzenschneise" und „Weimarer Poetenweg", den Ruf der Weinbauregion in die Welt hinaustragen.

Abends, wenn die Einheimischen zu Hause sind und die Touristen beim Abendessen sitzen, vielleicht bei einem Saale-Unstrut-Wein, könnte man meinen, in Weimar werden die Bürgersteige hochgeklappt. Doch das stimmt nicht ganz, denn die rund 6000 Studenten der Bauhaus-Universität und der Musikhochschule sorgen dafür, dass Weimar nicht so schnell einschläft. In der warmen Jahreszeit treibt es angehende Architekten und

> **Studenten sorgen dafür, dass Weimar nicht so schnell einschläft**

Musiker bis zur Dämmerung auf die Wiesen der Parkanlagen – zum Lesen, Klönen und Gitarre spielen. Danach ziehen sie in die Clubs und Kneipen, um zu diskutieren und zu feiern. Die Studenten veranstalten Performances und es gibt zahlreiche Partys.

Farbenfrohe Blütenpracht am Kulturdenkmal: der Garten an Goethes Wohnhaus

Auch die Gäste aus den feinen Hotels wie Elephant und Russischer Hof finden es schick, nach dem Theater- oder Konzertbesuch ein Bier oder ein Gläschen Wein an der Seite der jungen Leute zu trinken.

Weit laufen muss dabei keiner, denn in Weimar liegt alles dicht beieinander, die Museen genauso wie die Kneipen. Rund 600 mal 500 m misst die Altstadtfläche, in der auch die berühmteste Sehenswürdigkeit steht: Goethes Wohnhaus. Unter einem Stich, der dieses Bauwerk abbildet, hat der Dichterfürst 1828 geschrieben: „Warum stehen sie davor? Ist nicht Thüre da und Thor? Kämen sie getrost herein, Würden wohl empfangen sayn". Diese Worte haben bis heute nichts von ihrer Aktualität verloren. Weimar gilt als einladende, spannende Stadt, sie gehört zu den beliebtesten Städtereisezielen Deutschlands.

IM TREND

1 Wohnzimmer-Wellness

Spa mal anders In Weimar florieren heimelige Wellness-horte wie die *Energietankstelle* von Gilla Esser *(Richard-Wagner-Str. 17, www.energietankstelle-weimar.de, Foto).* Auch bei *Art of Soul* geht es persönlich zu – dazu gehört ein Kennenlerngespräch vor der Behandlung *(Jahnstr. 2, www.artofsoul.de). Akowes Medical Beauty* geht sogar noch einen Schritt weiter. Zusammen mit dem Hotel Elephant bietet das Spa individuelle Themenzimmer an *(im Goethe-Kaufhaus, Theaterplatz 2a, www.akowes.de).*

Frisches Design

2

Accessoires Herrlich ausgeflippt sind die Mode-schöpfungen aus Weimars Designerstuben – vorneweg die eigenwilligen Hüte des Labels *Die Zwillingsnadeln (Geschwister-Scholl-Str. 2, www.die-zwillingsnadeln.de, Foto).* In einer ehemaligen Metzgerei ist der Schmuckladen *Monti* zu Hause. Heute hängen an den Fleischerhaken coole Natursteinketten *(Kaufstr. 22).* Wer die passende Kleidung zum Schmuck sucht, wird bei *Vilde Svaner* fündig. Das Label setzt auf klare Linien *(Ackerwand 23, www.vildesvaner.com).*

3 Über Stock und Stein

Urban Sports In der Stadt und rundherum wird es sportlich. Die Urban Golfer von *Save the Last Ball* üben ihren Abschlag im Park *(www.save-the-last-ball.de, Foto).* Den *Urban Monkeys* ist kein Hindernis in der Stadt zu groß. Sie trainieren ihre Sportart Parkours aber auch indoor. Jeden Samstag treffen sie sich in der Turnhalle der Bodelschwingstraße *(urbanmonkeys.blogsport.de).* Wo man in Weimar eine Partie Ultimate Frisbee spielen kann, wissen die Mitglieder der Gruppe *Endwurf* *(endwurf-weimar.blogspot.com).*

Neue Wege für die Kunst

Galerien zum Wohlfühlen Ausstellungsraum und Kneipe in einem ist *C. Keller*. Gezeigt wird, was gefällt, vom Comic über Graffiti bis zur Fotografie *(Markt 21, www.c-keller.de)*. Beinahe wie ein Wohnzimmer kommt die *Galerie Eigenheim* daher. Statt mit kühler Optik abzuschrecken, will man junge Menschen mit Wohlfühl-atmosphäre für Kunst interessieren. Ob es klappt? Überzeugen Sie sich selbst *(Karl-Liebknecht-Str. 10, www.galerie-eigenheim.de, Foto)*. Berührungs-ängste sind auch bei *Marke.6* ganz unnötig. Das Schaufenster der Bau-haus-Universität im Neuen Museum Weimar zeigt ständig wechselnde Wer-ke der Studenten *(Weimarplatz 5, www.markepunktsechs.de)*.

In Weimars Garten

Grünes Herz Weimar ist bekannt für den Ginkgo, dabei hat die Stadt noch mehr Flora zu bieten. Das wissen auch die Mitglieder des Vereins *Rapontica*, die sich für den Erhalt alter Obst- und Gemüsesorten einsetzen. Der Apfel, der schon Goethe schmeckte, kann schließlich heute nicht verkehrt sein *(www.rapontica.de)*. Eine echte Fachfrau in Sachen Grünzeug ist Birgit Lense. Sie hält Vorträge zum Thema Kräuterkunde, geht auf Kräuterwanderungen in der Region und bereitet aus Giersch oder Esskastanien leckere Speisen. Ihre Kochkurse finden u. a. im *Sophienhaus* statt *(Trierer Str. 2a, www.ernaehrungsstudio-erfurt.de, Foto)*. Insbe-sondere für Kinder sind die unterhaltsamen Kräuterwanderungen des Vereins *Grüne Liga* in Weimar gedacht *(www.grueneliga.de)*. Wer ein lebendiges Stück Weimar kaufen möchte, ist mit einer *Goethea* gut bedient. Der Strauch ist nach dem Dichter benannt *(www.museumsshop.biz)*.

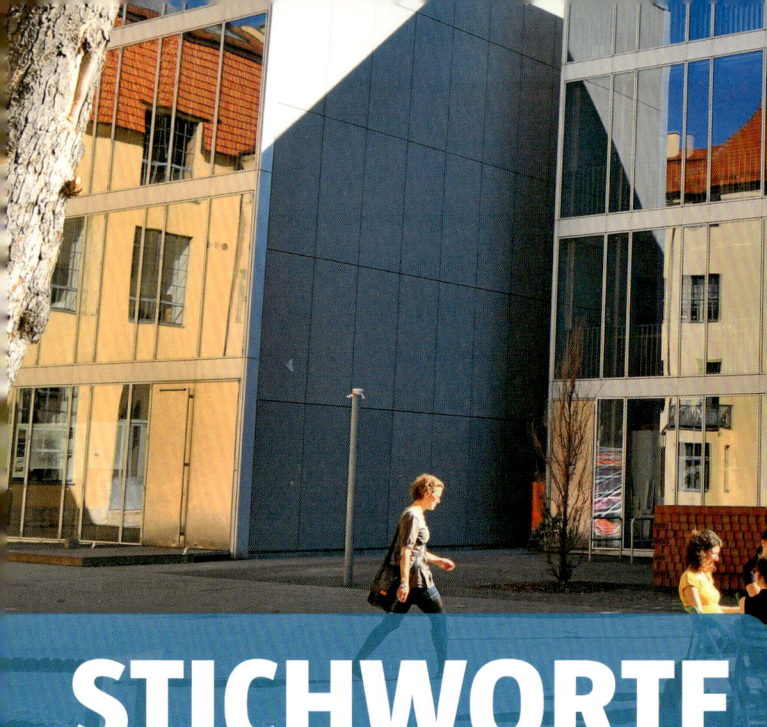

STICHWORTE

BAUHAUS

Die 1919 gegründete Hochschule für Gestaltung ist längst Legende, sie erlangte weltweite Wirkung über ihre eigentliche Lebensdauer hinaus. Das Staatliche Bauhaus wurde zum Synonym moderner Architektur und Formgestaltung, es gilt bis heute als Avantgardestätte und als die modernste Kunstschule des 20. Jhs. Ihr Begründer Walter Gropius versuchte zusammen mit namhaften Künstlern wie Lyonel Feininger, Paul Klee oder Wassily Kandinsky, die Welt des Designs und der Architektur zu revolutionieren und das Kunsthandwerk neu zu beleben. Die Kunsthochschule musste 1925 nach Dessau übersiedeln und wurde 1933 unter dem Druck der Nationalsozialisten aufgelöst. Vor allem nach dem Zweiten Weltkrieg prägten die Ideen des Bauhauses das moderne Design.

In Weimar gibt es seit 1995 ein Bauhaus-Museum, das allerdings nur einen Bruchteil der rund 10 000 Einzelobjekte zeigt und der Bedeutung des Bauhauses nicht angemessen ist. Deshalb soll das Museum nun einen repräsentativen Neubau erhalten. Die Eröffnung ist für 2015 geplant.

GINKGO

1813 soll Hofgärtner Johann Conrad Sckell ihn gepflanzt haben: Heute ist der Ginkgo hinter dem Fürstenhaus Weimars berühmtester und meistfotografierter Baum. In vielen Ländern Asiens sehen die Menschen die Ginkgopflanze als Symbol für Liebe und Fruchtbarkeit, sie steht

Bild: Bauhaus-Universität

Kulturelles Erbe verpflichtet: In der Klassikerstadt treffen Sie auf engagierte Bürger, die Weimars Vielfalt bewahren und gestalten

dort in jeder Tempelanlage. Nach Europa kam sie vor etwa 250 Jahren. Auch Goethe sah die zweigeteilten Blätter des Baumes als Symbol der Liebe zwischen Frau und Mann und ließ sich 1815 davon zu einem seiner bekanntesten Gedichte inspirieren. Mittlerweile gehört der Ginkgo zur Stadt, schöne Exemplare stehen in der Humboldtstraße und im Garten des Goethe-Schiller-Archivs. An der Marcel-Paul-Straße in Weimar-Nord entstand sogar ein Ginkgohain. Es gibt ein Ginkgo-Museum, kleine Ginkgobäumchen stehen als Souvenir bereit und jeder Goldschmied, der etwas auf sich hält, bietet Ginkgoschmuck an.

GRÜNE HAUSNUMMERN

Häuser, die sich durch eine gute Energieeffizienz auszeichnen, die regenerative Energiequellen nutzen und deren Bewohner mit Wasser umweltbewusst umgehen, sind in Weimar auf Anhieb zu erkennen. Sie tragen eine grüne Hausnummer. Seit 2009 wird jährlich im Rathaus die Grüne Hausnummer als Qualitätssiegel verliehen, die Zertifizierung eines Gebäudes ist für die Eigentümer kostenfrei.

KLASSIK-STIFTUNG

Zur Klassik-Stiftung Weimar gehören 25 Museen, Dichterhäuser sowie Schloss- und Parkanlagen, die jährlich von rund 700 000 Menschen besucht werden. Die Stiftung ist eine bedeutende

schätze zu bewahren, zu erforschen und der Öffentlichkeit zu präsentieren.

LICHTSKULPTUR

An jedem Wochenende, zum Kunstfest sogar täglich, rückt eine Lichtskulptur die Autobahnkirche Gelmeroda vor den Toren Weimars ins Blickfeld der Öffentlichkeit. Das strahlende Kunstwerk, das der Weimarer Peter Mittmann entwickelt hat, war ein Projekt des Kulturstadt-

Goethes Gartenhaus, das Refugium des Dichters im Park an der Ilm, ist bis heute ein Idyll

Kultureinrichtung, aber auch ein großer Immobilienbesitzer, ihre zehn Gärten und Parks umfassen eine Gesamtfläche von 140 ha. Den Grundstock für die nach der Stiftung Preußischer Kulturbesitz zweitgrößten deutschen Kulturstiftung legte 1885 Walther von Goethe, als er Haus und Grundstück seines Großvaters am Frauenplan mit allen Sammlungen testamentarisch dem Großherzogtum Sachsen-Weimar-Eisenach vermachte. Aufgabe der Stiftung ist es, die Kultur-

jahres. Eingeschaltet wird das Licht freitags, samstags und sonntags bei Einbruch der Dunkelheit, ausgeschaltet um 24 Uhr. Die Gelmerodaer Kirche wurde weithin durch die Zeichnungen des Malers Lyonel Feininger bekannt.

MENSCHENRECHTS-PREIS

Seit 1995 wird in Weimar der Menschenrechtspreis verliehen. Geehrt werden Gruppen oder Einzelpersonen aus der ganzen Welt, die Unterdrückung und Gewalt bekämpfen und sich besonders für die Menschenrechte einsetzen. Der Preis soll Aufmerksamkeit für die oftmals mit dem Leben bedrohten Geehrten erzeugen und das Preisgeld eine finanzielle Unterstützung leisten. Diesen Preis stiftete die Stadt aus ihrer besonderen geschichtlichen Verantwortung heraus, verbindet sich doch der Name Weimar durch das Konzentrationslager Buchenwald auch mit Folter und Tod. Der Preis wird auf feierlichen öffentlichen Stadtratssitzungen verliehen, vorschlagsberechtigt ist jeder Bürger.

PROMINENTENWEGE

Dass körperliche Betätigung für die Gesundheit gut ist, wusste man offensichtlich schon vor langer Zeit. So eilte Großherzogin Maria Pawlowna den 2 km langen Weg zwischen den Schlössern Tiefurt und Kromsdorf entlang. Seit 1998 zieht er als Maria-Pawlowna-Promenadenweg Radler und Wanderer an. Goethe lief von 1775 bis 1788, wann immer er es einrichten konnte, von Weimar zum Schloss „hinter den Bergen", nach Großkochberg. Dort erwartete ihn seine gute Freundin Charlotte von Stein. Wanderer aus Jena hörten davon und wollten sich einmal wie Goethe fühlen. Sie suchten nach der kürzesten Verbindung, die der Dichter damals gewählt haben könnte. Die 28 km lange, mit einem großen weißen „G" auf grünem Untergrund markierte Strecke gehört heute zu den beliebtesten Thüringer Wanderwegen. Wenn die Großherzogin nicht laufen wollte, setzte sie sich in die Kutsche und der Dichterfürst stieg aufs Pferd. Für beides sind diese Wege heutzutage nicht mehr geeignet. Viel unterwegs war auch der Künstler Lyonel Feininger. Er radelte durchs Weimarer Land, Bleistift und Skizzenblock als Begleiter dabei. Die Objekte, die er besuchte, verbindet der 30 km lange Radweg „Auf Feiningers Spuren".

SCHILLERS SCHÄDEL

Goethe ist in Weimar allgegenwärtig, doch Friedrich Schiller lieferte in der Vergangenheit mitunter wesentlich mehr Schlagzeilen. 2008 wurde bekannt, dass in Schillers Sarg in der Weimarer Fürstengruft kein Schiller liegt. Um diese seltsame Geschichte zu verstehen, muss man wissen: Als der Dramatiker 1805 starb, wurde er in einem Gemeinschaftsgrab auf dem Jakobsfriedhof beigesetzt. 20 Jahre später sollten seine sterblichen Überreste in die neu erbaute Fürstengruft überführt werden. Doch Schillers Gebeine waren nicht mehr eindeutig zu identifizieren – weshalb man in den Sarg legte, was man für seine Knochen hielt. Doch all die Zeit blieben Zweifel an der Echtheit. Um diese auszuräumen, startete 2008 ein internationales wissenschaftliches Projekt. Man knackte den DNA-Code Schillers und stellte fest: Der Schädel im Sarg gehört nicht Schiller, die Gebeine stammen von mehreren Toten. Auch zwei weitere Schädel aus der Gruft konnten dem Dichter nicht zugeordnet werden. Vermutlich wurde Schillers Schädel im 19. Jh. gestohlen und durch einen sehr ähnlichen Totenkopf ersetzt. Schillers Sarg in der Fürstengruft ist heute leer.

STATISTISCHES

Weimar breitet sich an beiden Ufern der Ilm aus. Erstmals wurde die Stadt 899 als „Vvigmara" genannt, nach dem Schmalkaldischen Krieg wurde sie 1547 Residenz des Herzogtums Sachsen-Weimar. Weimar ist eine kreisfreie Stadt im Freistaat Thüringen, von 1920 bis 1948 war es Landeshauptstadt. Mit seinen rund 65 000 Einwohnern steht Weimar unter den Städten Thüringens an vierter Stelle – in den vergangenen Jahren

Die Stadtkirche St. Peter und Paul am Herderplatz gehört zum Unesco-Welterbe

sind stets mehr Menschen zugezogen als abgewandert. Das Stadtgebiet umfasst 84,3 km². Große Industriebetriebe sind nicht vorhanden, im verarbeitenden Gewerbe gibt es rund zwei Dutzend Unternehmen mit jeweils mehr als 20 Arbeitnehmern. Partnerstädte sind Hämeenlinna (Finnland), Blois (Frankreich), Siena (Italien) und Trier (Deutschland).

STUDENTISCHE AKTIVITÄTEN

Die Bauhaus-Universität hält ihre Studenten an, Ideen auszutüfteln, in den Werkstätten umzusetzen und in der Öffentlichkeit zu präsentieren. In Erfurt etwa stellten Hochschüler ihre Entwürfe für die künftige Entwicklung des Petersberges vor und in Berlin ihre Visionen für die Gestaltung des Bundesplatzes im Stadtteil Wilmersdorf. Studierende sind auch die Herausgeber des Fotomagazins „Loom", das sich mit jeder Ausgabe einem bestimmten Thema widmet, und der Zeitschrift „Rang & Namen". Dieses „Magazin gegen das Verschwinden von Arbeiten" zeigt unveröffentlichte Werke von Kommilitonen und macht sie so bekannt. Da bei jeder Ausgabe ein Teil der Redaktion wechselt, hat jedes Heft ein anderes Gesicht.

WEIMARANER

Die Einwohner Weimars möchten nicht als „Weimaraner" bezeichnet werden. Sie sind Weimarer. Weimaraner sind bis zu 70 cm große, edle Jagdhunde, die man ab etwa 1890 züchtete. Manche weltberühmte Persönlichkeit schmückte sich mit einem dieser Hunde, die früher nur in Thüringen gezüchtet wurden – so etwa der amerikanische Präsident

Dwight Eisenhower und die Filmdiva Grace Kelly. In der Kulturstadt leben heute rund 65 000 Weimarer, aber es soll nur einen Weimaraner geben. Trotz aller gravierenden Unterschiede – in einem gleichen sich Weimaraner und die (meisten) Weimarer: Sie sind liebenswert.

WELTERBE

Die Unesco erklärte das Ensemble „Klassisches Weimar" 1998 zum Weltkulturerbe. Zu den elf geschützten Bauten und Parkanlagen gehören die Wohnhäuser Goethes und Schillers, die Anna-Amalia-Bibliothek, das Stadtschloss und das Wittumspalais, die Stadtkirche mit dem Herderhaus, das Alte Gymnasium sowie die Fürstengruft mit dem Historischen Friedhof. Unter dem Schutz der Unesco stehen außerdem der Park an der Ilm mit Goethes Gartenhaus, die Parkanlage Belvedere sowie die Schlösser und Parks in Tiefurt und Ettersburg. Seit 2002 zählt Goethes literarischer Nachlass zum Weltdokumentenerbe. Bereits 1996 wurden die Wirkungsstätten des Bauhauses – das Haus am Horn, die ehemalige Kunstschule und die ehemalige Kunstgewerbeschule – zum Welterbe ernannt.

BÜCHER & FILME

▶ **Christiane und Goethe** – Die Schriftstellerin Sigrid Damm beschäftigt sich in diesem Buch ebenso wie in „Das Leben des Friedrich Schiller" mit Weimars Dichtergrößen. Damms Werke sind eine Mischung aus Biografie und Fiktion: Anhand von Briefen und Tagebüchern lässt sie ein weniger bekanntes Bild der beiden so unterschiedlichen Menschen im Umfeld ihrer Familien entstehen. 2007 veröffentlichte die Autorin mit „Goethes letzte Reise" ein berührendes Buch über das Altern und Sterben des Dichters

▶ **Mord in der Distel-Bar** – Eine Weimarer Kleingartenanlage wird 1964 Ort eines schlimmen Gewaltverbrechens. Der Autor Wolfgang Held erzählt die Geschichte von der Aufklärung der Tat und beschreibt gleichzeitig das Leben der Menschen in der damaligen Zeit

▶ **Goethe!** – Regisseur Christoph Stölzl hat die Dichterlegende ein wenig entstaubt. Entstanden ist ein mitreißender Film (2010) um den jungen Goethe und seine Liebe Lotte. In den Hauptrollen agieren charmant und erfrischend Alexander Fehling und Miriam Stein

▶ **Der Geist von Weimar** – Peter Merseburger lässt den Geist der Stadt in diesem Film von 1998 auferstehen, Dokumentarausschnitte beleuchten auch das dunkle Kapitel in der Geschichte Weimars

▶ **Die Braut** – An Originalschauplätzen drehte Egon Günther 1999 seinen Film über Christiane Vulpius (Veronica Ferres), die Goethe einen unehelichen Sohn gebar, ehe sich der Dichter auch offiziell zu ihr bekannte

▶ **Meer is nich** – Authentisches Teeniedrama von 2008, das die Schwierigkeiten an der Schwelle zum Erwachsenwerden beleuchtet. Regisseur Hagen Keller fand in der Klassikerstadt einen tollen Drehort

DER PERFEKTE TAG
Weimar in 24 Stunden

08:30 Gesundes Frühstück und schöne Klänge

Mit einem Frühstück im legendären *Residenz-Café* → S. 65 beginnen Sie Ihren Tag. Ein frisch gepresster Apfel-Karotten-Saft gibt Energie für die Entdeckungstour durch Weimar. Von der Vitaminbombe gestärkt, laufen Sie nur wenige Minuten zum Marktplatz. Wer rechtzeitig um 10 Uhr dort ist, nimmt eine hübsche Melodie mit in den Tag – dann erklingt das *Glockenspiel* → S. 35 des Rathauses.

10:15 WO GOETHE UND SCHILLER LEBTEN

Jeden Weimarbesucher zieht es in *Goethes Wohnhaus* → S. 30. Hier bekommen Sie einen sehr persönlichen Einblick ins Leben und Wirken des Dichters, denn manches Zimmer sieht noch so aus, als habe er es nur für wenige Minuten verlassen. Nach dem Rundgang spazieren Sie wie einst der Hausherr mit seinen Gästen durch den Garten. Weiter geht es auf der *Schillerstraße* → S. 36, wo früher Weimars feine Gesellschaft promenierte. Heute dürfen Sie auf den Spuren der edlen Damen und Herren wandeln – und passieren dabei u. a. *Schillers Wohnhaus* → S. 36.

11:30 RUND UM DEN THEATERPLATZ

Auf dem *Theaterplatz* → S. 37 werden Sie von den beiden großen Dichtern selbst begrüßt – hier steht seit 1857 das *Goethe-Schiller-Denkmal* → S. 32. Eine ganz andere Facette der Kulturstadt Weimar entdecken Sie im *Bauhaus-Museum* → S. 28 (Foto o.), das sich an der Ostseite des Platzes befindet.

13:00 MITTAGSPAUSE AM GRILL

Laufen und Schauen macht hungrig. Folgen Sie dem verlockenden Duft der Rostbratwurst zum *Goetheplatz* → S. 41. Eine Thüringer (Foto u.), wie man die herzhafte Spezialität kurz und knapp nennt, ist genau der richtige Snack für Ihre Mittagspause.

13:30 AM HERDERPLATZ

Am *Herderplatz* → S. 41 können Sie dem alten Weimar nachspüren, das hier noch immer präsent ist. Seit dem 19. Jh. plätschert ein Brunnen und das Kopfsteinpflaster ist ebenso erhalten wie das Alte Gymnasium. In der *Stadtkirche St. Peter und Paul* → S. 46, nach ihrem berühmtesten Prediger nur Herderkirche genannt, gibt es zahlreiche Kunstwerke zu sehen.

Die schönsten Facetten von Weimar kennenlernen – mittendrin, ganz entspannt und an einem Tag

14:30 KAFFEE UND KUCHEN

Es ist Zeit für einen Kaffee – also auf zum Café *Frauentor* → S. 60! Lassen Sie sich von dem leckeren Tortenangebot verführen. Glücklich dürfen Sie sich schätzen, wenn Sie einen Platz draußen vor dem Café finden und das bunte Treiben der Touristen beobachten können.

15:30 SCHLOSSMUSEUM

Jetzt sind Sie bereit für das ganz große Paket Geschichte, Kunst und Architektur. Das *Residenzschloss* → S. 45 ist gleichzeitig Denkmal und Museum. Der große Festsaal gehört zu den Meisterleistungen des Klassizismus. In den Dichterzimmern bekommen Sie einen Einblick in die Erinnerungskultur, wie sie das Herzogshaus im 19. Jh. pflegte. Die russischen Ikonen und die Cranachbilder werden Sie in Staunen versetzen. Sie gehören zu Deutschlands bedeutendsten Kunstschätzen.

17:30 IM PARK AN DER ILM

Nun haben Sie sich eine Pause im *Park an der Ilm* → S. 35, 94 (Foto) verdient! Hinter der *Herzogin-Anna-Amalia-Bibliothek* → S. 33 mit dem Rokokosaal, einem der schönsten Bibliothekssäle Europas, laden Bänke zum Verweilen ein – und zum Träumen: Hier, an der Naturbrücke, begegnete Goethe zum ersten Mal seiner Christiane. Das *Gartenhaus* → S. 50 am anderen Ilmufer war Goethes erster Wohnort in Weimar und blieb zeitlebens naturnahes Refugium. Auf der anderen Seite des Parks liegt die Wiege des weltbekannten Staatlichen Bauhauses. In den Gebäuden, die heute zur *Bauhaus-Universität* → S. 47 gehören, gingen Henry van de Velde, Walter Gropius und Lyonel Feininger ein und aus.

20:00 THEATERBESUCH

Der krönende Abschluss Ihres perfekten Tages ist ein Besuch im traditionsreichen *Deutschen Nationaltheater* → S. 73. Wer danach noch nicht müde ist, sinniert in der *Hibrido-Lounge* → S. 70 bei einem Cocktail über das Gesehene und Gehörte.

Bus zum Startpunkt: alle Linien
Haltestelle: Goetheplatz
Tipp: Kinder und Jugendliche bis 16 Jahre haben in den Museen freien Eintritt

SEHENSWERTES

CITY **WOHIN ZUERST?**

Markt (U B4) *(🗺 b4)*: Am besten beginnen Sie Ihre Erkundung Weimars am Marktplatz. Der Frauenplan mit dem Goethehaus, das Schloss und die Herzogin-Anna-Amalia-Bibliothek sind von hier in wenigen Minuten zu erreichen. Die Schillerstraße führt zum Theaterplatz. Fahren Sie nicht mit dem Auto ins Zentrum, Tiefgaragen oder Parkhäuser gibt es am Beethovenplatz, am Einkaufszentrum Atrium, an der Weimarhalle und der Hauptpost. Wer mit dem Bus fährt, steigt am Goetheplatz aus, alle Linien halten hier.

Weimar ist eine Stadt für Fußgänger. Fast alle Sehenswürdigkeiten drängen sich auf dem kleinen Raum von etwa 1,2 km² – so übersichtlich, dass selbst die Stadtführungen meist zu Fuß erfolgen.

Obwohl alles dicht beieinander liegt, sollten Sie Ihre Zeit großzügig kalkulieren. Wer Weimar kennenlernen will, darf nicht nur die Fassaden betrachten. Oft lohnen sich Blicke in versteckte Winkel, etwa in die Luthergasse, wo das Weihnachtslied „O du fröhliche…" entstand, oder in Herders Hausgarten. Zeit sollten Sie sich auch für Museumsbesuche nehmen, etwa für Rundgänge durch die Wohnhäuser Goethes und Schillers. Aber selbst wenn Sie im Eiltempo durchmarschieren, schaffen Sie kaum alle Sehens-

Bild: Goethe-Schiller-Denkmal vor dem Deutschen Nationaltheater

Goethe und Schiller, Liszt und Wagner, Bauhaus und Nationaltheater: Weimar lebt und atmet seine kulturelle Vergangenheit

würdigkeiten an einem Tag. Auch dann nicht, wenn Sie mittags auf dem Marktplatz nur zu einer der berühmten Rostbratwürste vom Holzkohlegrill greifen.

SÜDLICHE ALTSTADT

Der Stadtrundgang beginnt stets im südlichen Teil der Altstadt, am Markt, der „guten Stube der Stadt".

Von hier drängt es fast alle Besucher zu den beiden berühmtesten Sehenswürdigkeiten, Goethes Wohnhaus und dem Schillerhaus, zwei der insgesamt 20 Weimarer Museen. Auch das Deutsche Nationaltheater, das untrennbar mit der deutschen Geschichte verbunden ist, liegt nicht weit entfernt. Und vor dem Gebäude steht das Wahrzeichen der Stadt, das Goethe-Schiller-Denkmal. Bei schönem Wetter verleitet der Park an der Ilm dazu, eine kleine Ruhepause einzulegen.

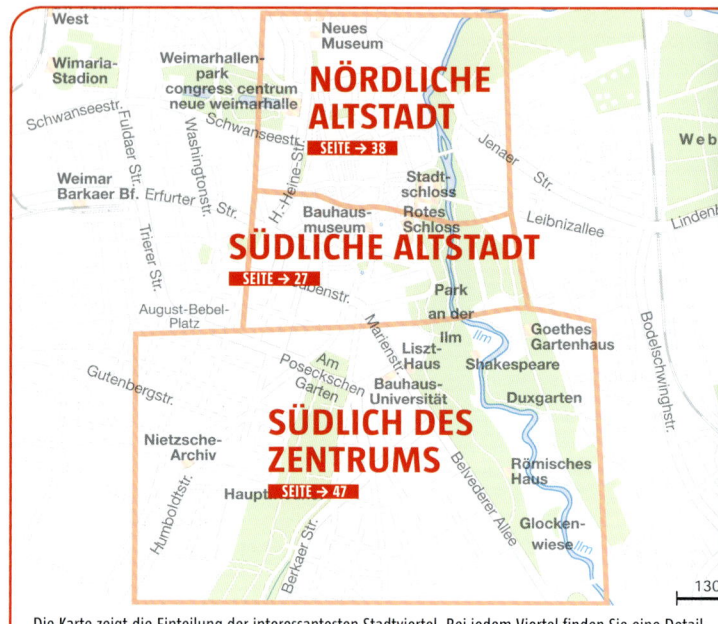

Die Karte zeigt die Einteilung der interessantesten Stadtviertel. Bei jedem Viertel finden Sie eine Detailkarte, in der alle beschriebenen Sehenswürdigkeiten mit einer Nummer verzeichnet sind

■1 BACH-DENKMAL (U B4) (m b4)

In Weimar entstanden die großen Orgelwerke von Johann Sebastian Bach, der in der Stadt als Hoforganist, Violinist und ab 1714 als Konzertmeister tätig war. Sein Wohnhaus am Markt ist nicht mehr vorhanden. An den Komponisten erinnert das Denkmal am Südgiebel des Roten Schlosses, Bachs erster Wirkungsstätte. Die Bronzebüste (1950) hat Bruno Eyermann geschaffen. *Platz der Demokratie*

■2 BAUHAUS-MUSEUM
(U A4) (m a4)

300 ausgewählte Stücke aus seinem reichen Fundus präsentiert das Museum in seiner ständigen Ausstellung. Dazu gehört auch der rekonstruierte „Turm des Feuers" des Schweizers Johannes Itten.

Das Werk war 1920 vor dem Tempelherrenhaus im Ilmpark aufgestellt. Derzeit ist das Museum provisorisch in der Kunsthalle am Theaterplatz untergebracht. Es gibt einen Einblick in das Wirken des 1919 von Walter Gropius gegründeten Staatlichen Bauhauses. Gegenwärtig entsteht ein neues Bauhaus-Museum. 2015 soll es die ersten Gäste empfangen. *Tgl. 10–18 Uhr | Führung So/Mo 11 Uhr | Theaterplatz*

■3 CARL-AUGUST-DENKMAL
(U B4) (m b4)

Carl August, der kunstliebende Herzog und spätere Großherzog und enge Freund Goethes, reitet seit 1875 auf dem Platz der Demokratie, dem früheren Fürstenplatz. Vorbild für das Denkmal waren antike Statuen. Der Fürst wird zu Pferd gezeigt, in Uniform und bekrönt mit einem Lorbeerkranz, der an seine Rückkehr aus den Freiheitskriegen 1814 erinnert. Das Miniherzogtum Sachsen-Weimar-Eisenach hatte keine Armee, Carl August war Generalmajor in preußischen Diensten. *Platz der Demokratie*

4 DEUTSCHES NATIONALTHEATER
(U A4) (🗺 a4)

Das Theater ist nicht mehr jenes Gebäude, in dem Goethe die Dramen Schillers zur Uraufführung brachte. Es fiel 1825 einem Brand zum Opfer, und das Gebäude musste dem 1908 eröffneten heutigen Theater weichen, in dessen Geschichte zwei Daten bedeutsam sind: 1919 tagte hier die Nationalversammlung der ersten deutschen Republik, und 1948 wurde es nach der Kriegszerstörung mit Goethes „Faust" wiedereröffnet. Das Deutsche Nationaltheater gehört zu den führenden Spielstätten in Deutschland, die Staatskapelle hat einen Ruf von überregionaler Bedeutung. *Theaterplatz | www.nationaltheater-weimar.de*

5 FRAUENPLAN (U B5) (🗺 b5)

Vom Markt eilen die meisten Besucher zum Frauenplan, denn hier steht Goethes Wohnhaus. 1792 schenkte der Herzog das Haus seinem Freund, der bis dahin im Gartenhaus an der Ilm gewohnt hatte. In Richtung Wielandplatz schließen sich die Vulpius-Häuser an, in denen Goethes Verwandtschaft wohnte. Neben dem Goethehaus liegt das Gasthaus Zum weißen Schwan, in das der Dichter gern mit seinen Gästen einkehrte. Der gusseiserne Goethebrunnen mit einem Delphin als Wasserspeier bildet seit 1821 den Mittelpunkt des Platzes. An der Brunnensäule sind die Initialen Carl Augusts zu

---

MARCO POLO HIGHLIGHTS

⭐ **Goethe-Nationalmuseum**
Hier wird Goethes Nachlass bewahrt → S. 30

⭐ **Herzogin-Anna-Amalia-Bibliothek**
Der eindrucksvolle Rokokosaal ist das Juwel des Hauses → S. 33

⭐ **Markt**
Ringsherum stehen historische Gebäude → S. 34

⭐ **Neues Museum Weimar**
Zeitgenössische Kunst im Neorenaissancebau → S. 44

⭐ **Schlossmuseum**
Im alten Residenzschloss sind bedeutende Sammlungen historischer Kunstwerke zu sehen → S. 45

⭐ **Stadtkirche St. Peter und Paul**
Das Schmuckstück des Gotteshauses ist Cranachs dreiflügeliges Altarbild → S. 46

⭐ **Historischer Friedhof**
Große Weimarer Persönlichkeiten haben hier ihre letzte Ruhestätte gefunden → S. 50

⭐ **Gedenkstätte Buchenwald**
Die Denkmalanlage erinnert an die Opfer des Nationalsozialismus → S. 53

⭐ **Schloss und Park Belvedere**
Das Barockschloss nach Wiener Vorbild steht inmitten eines Parks im englischen Landschaftsstil → S. 55

⭐ **Tiefurter Landschaftspark**
Im Park warten ein Teesalon und der Musentempel auf Besucher → S. 57

finden. Auf einer der acht Reliefplatten, die das Brunnenbecken einfassen, steht die Jahreszahl 1821 eingraviert. Bevor der Architekt und Goethefreund Clemens Wenzeslaus Coudray (1775–1845) die heutige gusseiserne Anlage bauen ließ, stand hier ein hölzerner Brunnentrog.

6 FÜRSTENHAUS (U B4) (🕮 b4)
Das klassizistische Gebäude, von 1771 bis 1774 als Sitz der Ständevertretung des Landes erbaut, hat eine bewegte Vergangenheit. Nach dem Schlossbrand 1774 diente es der Herzogsfamilie als Wohnsitz, Carl August lebte mit seiner Familie fast 30 Jahre hier. 1808 zog die Freie Zeichenschule ein, später residierte hier der Thüringer Landtag, seit 1951 gehört es zur Hochschule für Musik. *Platz der Demokratie*

7 GOETHE-NATIONALMUSEUM ⭐
   (U B5) (🕮 b5)
Zu Weimars bekanntestem Museum, dem Goethe-Nationalmuseum, gehören das Wohnhaus von Johann Wolfgang von Goethe (1749–1832), der sogenannte Sammlungsbau von 1913 und der 1935 als Goethe-Museum errichtete Anbau. Im Nationalmuseum wird der gesamte Nachlass des Dichters, mit Ausnahme der Handschriften, aufbewahrt. Die Sammlungen zur bildenden Kunst umfassen 26 500 Objekte, die zu den Naturwissenschaften 23 000.

● *Goethes Wohnhaus:* In dem 1709 errichteten Haus wohnte Deutschlands bedeutendster Dichter fast 50 Jahre lang. Bereits 1885 wurde es der Öffentlichkeit zugänglich gemacht. Die sogenannten Christianezimmer bewohnte Goethes Lebensgefährtin und spätere Ehefrau, das Junozimmer diente als Empfangssalon und Musikzimmer. Im Hinterhaus liegen Goethes Arbeitsräume, zu denen nur die Familienmitglieder und wenige Freunde Zutritt hatten. Goethe richtete die niedrigen, engen Kammern bescheiden ein. In einem Gespräch mit seinem Privatsekretär Johann Peter Eckermann sagte er: „... prächtige Zimmer und elegantes Hausgerät (sind) etwas für Leute, die keine Gedanken haben und haben mögen ...". Vom Vorzimmer aus blickt man in die

Hier lebte und arbeitete der Dichterfürst: Goethes Wohnhaus am Frauenplan

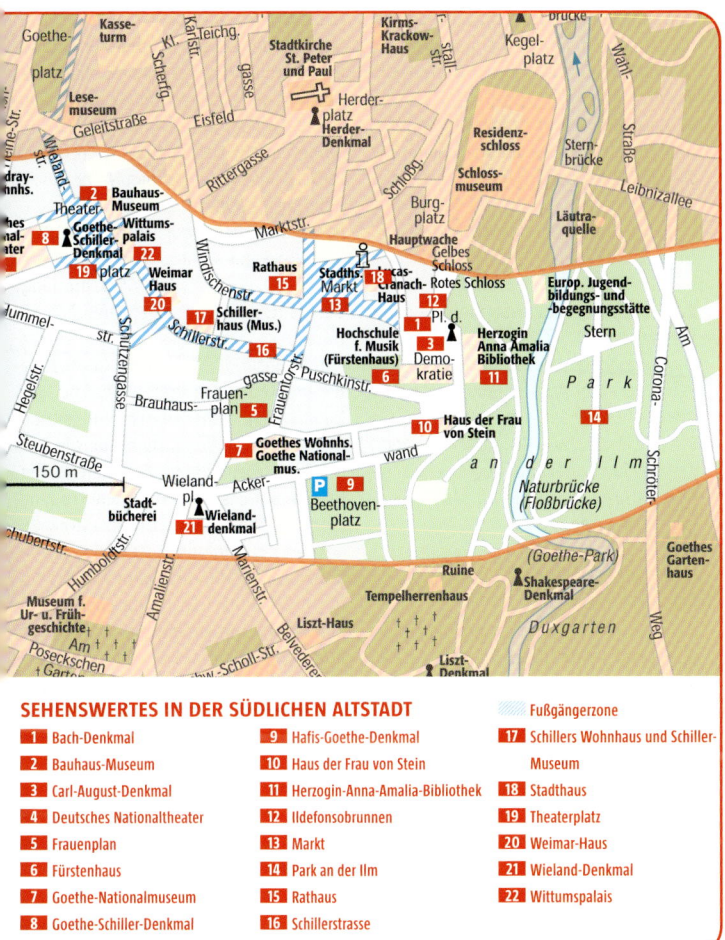

(Besuchern nicht zugängliche) Bibliothek mit etwa 6000 Bänden und in das Arbeitszimmer, in dem so bedeutende Werke wie „Wilhelm Meisters Wanderjahre", die „Wahlverwandtschaften" und der „Faust" entstanden. Beide Räume sind im Originalzustand erhalten. In dem bescheidenen Schlafzimmer ist Goethe in den Mittagsstunden des 22. März 1832 im Sessel sitzend gestorben. Der Garten an Goethes Wohnhaus ist seit 1886 für die Öffentlichkeit zugänglich. Hauptsächlich Christiane hat ihn genutzt, um den Haushalt mit Obst und Gemüse zu versorgen. Eine schöne Einführung in das Haus und seine Geschichte bietet der Film **INSIDERTIPP** „Goethe und sein Wohnhaus am Frauenplan", der im Vorführraum im Hof läuft *(Dauer 20 Min., ab 9.15 Uhr alle 30 Min.).*

Goethe-Museum: In den 1913 und 1935 eingeweihten Anbauten an das Wohnhaus werden seit jeher Ausstellungen zu Goethe und der Weimarer Klassik gezeigt. Bei Redaktionsschluss war das Goethe-Museum geschlossen und eine neue Dauerausstellung in Vorbereitung, deren Eröffnung zu Goethes 263. Geburtstag am 28. August 2012 bevorstand. Der Zutritt erfolgt nach der Eröffnung wieder durch das Hoftor von Goethes Wohnhaus. *Ausstellung und Wohnhaus: April–15. Okt. Di–Fr, So 9–18, Sa 9–19, 16. Okt.–März Di–So 9–16 Uhr (Ausstellung bis 18 Uhr)* | **INSIDER TIPP** *Führungen durch das Goethe-Nationalmuseum Di, Do, Fr 13 Uhr | Frauenplan 1*

LOW BUDG€T

▶ Die *Weimar-Card* hilft sparen: Die Fahrt mit Stadtbussen ist damit gratis, ebenso der Eintritt in fünf Museen der Klassik-Stiftung Weimar. Ermäßigungen erhalten Sie bei Stadtführungen, im Weimar-Haus oder Palais Schardt, bei verschiedenen Veranstaltungen oder beim Shopping in der Stadt. Die Karte kostet 14,50 Euro und ist 48 Stunden gültig. *www.weimar.de*

▶ Wissenswertes über den Mythos Ginkgo und seine Beziehungen zu Weimar erfahren Sie im ● *Ginkgo-Museum* **(U B4)** *(⊞ b4)* am Markt, das kostenlos zu besichtigen ist. Gratis wird auch ein Glas Ginkgokräutertee ausgeschenkt. *März–Okt. Mo–Fr 10–17.30, Sa/So 10–15.30, Nov.–Feb. Sa/So 10–14 Uhr | Frauentorstr./Ecke Windischenstr., im Obergeschoss des Ginkgosouvenirladens | www. mythos-ginkgo.de*

▶ Bei den ● *Mittagsmusiken* in der Herderkirche **(U B3)** *(⊞ b3)* können Sie kostenlos zuhören. Jeden Tag um 12 Uhr erklingt 15 Minuten lang Musik aus der Sauerorgel. *Juni–Sept. | www.ek-weimar.de*

8 GOETHE-SCHILLER-DENKMAL
(U A4) *(⊞ a4)*

Das Denkmal vor dem Deutschen Nationaltheater ist so etwas wie das Wahrzeichen Weimars. 1875 wurde das weltberühmte Doppelstandbild der beiden Dichterfürsten eingeweiht, das Material hatte der bayerische König gestiftet. Die Weimarer waren mit der Darstellung so zufrieden, dass sie den Denkmalschöpfer Ernst Rietschel zum Ehrenbürger machten. Obwohl Goethe und Schiller im Leben von unterschiedlichem Wuchs waren, hat sie Rietschel exakt gleich groß dargestellt. Beide Dichter halten gemeinsam einen Lorbeerkranz in ihren Händen. Damit sollte der Diskussion über die Frage, wer von ihnen der bedeutendere sei, entgegengewirkt werden. Kopien des Denkmals stehen in den USA in Cleveland, Milwaukee und San Francisco. *Theaterplatz*

9 **INSIDER TIPP** HAFIS-GOETHE-DENKMAL (U B5) *(⊞ b5)*

Weimars jüngstes Denkmal liegt ein wenig versteckt und ist deshalb weitgehend unbekannt. Im Juli 2000 wurde es durch den Staatspräsidenten der Republik Iran und den deutschen Bundespräsidenten eingeweiht. Zu sehen sind hier zwei Stühle: Sie erinnern an die Begegnung Goethes mit dem Werk des persischen Nationaldichters Hafis (1326–1390). Dessen Arbeiten inspirierten Goethe zu

Der Rokokosaal der Herzogin-Anna-Amalia-Bibliothek ist selbst ein Kunstwerk

seiner Gedichtsammlung „West-östlicher Diwan". Das Denkmal soll kulturelle Toleranz symbolisieren. *Beethovenplatz*

🔟 HAUS DER FRAU VON STEIN
(U B5) (🗺 b5)

Charlotte von Stein (1742–1827) war eine enge Freundin Goethes. Als er sie kennenlernte, hatte die Ehefrau des herzoglichen Oberstallmeisters von Stein bereits sieben Kinder. Die Familie wohnte von 1777–1827 in dem Haus an der damaligen südlichen Bebauungsgrenze Weimars. Kaum jemand würde es heute beachten, wenn Frau von Stein nicht durch ihre enge Beziehung zu Goethe in die Literaturgeschichte eingegangen wäre. Bis heute wird gerätselt, wie weit das „Vertrautsein" der beiden ging. Literaturwissenschaftler kennen etwa 1700 Briefe, die der Dichter der sieben Jahre älteren Frau schrieb, doch daraus ist nichts zu entnehmen. Die Beziehung kühlte ab, als Goethe, ohne sich bei seiner Freundin abzumelden, nach Italien reiste, und als er seine spätere Ehefrau Christiane Vulpius kennenlernte. Charlotte von Stein ist auf dem Historischen Friedhof beigesetzt. *Ackerwand 25–27*

🔟🔟 HERZOGIN-ANNA-AMALIA-BIBLIOTHEK ⭐ 🔵 (U B4) (🗺 b4)

Im festlichen Rokokosaal, einem der beeindruckendsten Bibliothekssäle Deutschlands, verschmelzen Architektur, bildende Kunst und Bücher zu einem Gesamtkunstwerk, erhält der Besucher in wechselnden Ausstellungen Einblicke in den etwa eine Million Bücher umfassenden Bestand. Die Bibliothek erlangte vor allem durch Herzogin Anna Amalia Bedeutung.

Das historische Bibliotheksgebäude ist durch zwei unter dem Platz der Demokratie befindliche Tiefenmagazine mit dem Roten und Gelben Schloss sowie der Neuen Wache verbunden, die mit dem in den Innenhof gesetzten Bücherkubus ein modernes Studienzentrum bilden. Bis zu dessen Fertigstellung Anfang 2005 waren nur etwa 20 Prozent der Bücher im Hauptgebäude untergebracht, der Rest in über die Stadt verteilten Magazinen. Schlagzeilen lieferte die Bibliothek durch den verheerenden Großbrand am Abend des 2. Septembers 2004, bei dem die Flammen rund 50 000 kulturgeschichtlich einmalige Bücher für immer vernichteten. Seit Ende 2007 steht das aufwendig restaurierte historische Gebäude den Besuchern wieder offen.

Eintrittskarten für den Rokokosaal können über die Besucherinformation der Klassik-Stiftung bestellt werden, sie sind oft Monate im Voraus ausgebucht. Einzelbesucher haben dennoch eine Chance: Für sie gibt es **INSIDERTIPP** täglich ein kleines Kartenkontingent an der Kasse im Historischen Bibliotheksgebäude. Der Verkauf beginnt um 9.30 Uhr. Insgesamt ist der Zugang zum Rokokosaal auf ca. 290 Personen pro Tag begrenzt. *Di–So 10–14.30 Uhr | Audioguide im Eintrittspreis enthalten*

Wechselnde Ausstellungen finden im Renaissancesaal statt. *Di–So 9.30–17 Uhr | Platz der Demokratie | www.klassik-stiftung.de*

12 ILDEFONSOBRUNNEN
(U B4) (*b4*)

Das Becken des Brunnens an der klassizistischen Hofwand des Roten Schlosses hat die Form eines römischen Sarkophags. Die Ildefonsogruppe auf einem Sockel ist ein Abguss des Originals in Madrid. Die Aufstellung der Brunnenfigur hat vermutlich Goethe veranlasst. *Platz der Demokratie*

13 MARKT ⭐ (U B4) (*b4*)

Die „gute Stube der Stadt" ist Treffpunkt der Einheimischen und Touristen. An der Westseite steht das Rathaus, gegenüber liegen das Stadthaus und das Mitte des 16. Jhs. entstandene *Cranachhaus*, ein

RICHTIG FIT!

Weimar mit seinem herrlichen Park an der Ilm im Zentrum bietet sich zum Joggen geradezu an. Hier pumpen Ihre Lungen nur frische Luft und keine Autoabgase. Am günstigsten liegt der Zugang in der Nähe der Ackerwand. Er ist von vielen Hotels bequem zu erreichen. Wer mit dem Auto von außerhalb kommt, parkt am besten in der Tiefgarage unter dem Beethovenplatz. Von dort ist es nur ein Katzensprung zum Park. Richtig ins Schwitzen kommen Sie, wenn Sie bis zur Schaukelbrücke laufen, dort die Ilm überqueren und auf der östlichen Parkseite zurücktraben, um über die Sternbrücke wieder zum Ausgangspunkt zu gelangen. Wenn Sie am frühen Vormittag oder späten Nachmittag joggen gehen, begegnet Ihnen oft auf weiten Strecken keine Menschenseele. Mit den zwitschernden Vögeln sind Sie allein. Vorsicht ist nirgends geboten, denn Radfahrer und Hunde kommen Ihnen kaum in die Quere. Sie joggen schließlich auf geschützten Pfaden: Der Ilmpark gehört zum Unesco-Welterbe, und da ist vieles nicht erlaubt.

farbenfrohes Doppelhaus mit zwei charakteristischen Giebeln. Zu seinem Namen kam der Renaissancebau, weil der Schwiegersohn Lucas Cranachs d. Ä. der Bauherr war. Der berühmte Maler verbrachte sein letztes Lebensjahr in dem Haus Markt 11/12, seine Malstube befand sich im dritten Stock. An der Südseite des Markts steht das traditionsreiche *Hotel Elephant*, in dem seit jeher alle berühmten Gäste der Stadt wohnen und dessen Restaurants *Elephantenkeller* und *Anna Amalia* überregionalen Ruf besitzen.

Im Blickpunkt des Markts steht seit jeher der *Neptunbrunnen*, der bekannteste der zahlreichen Weimarer Brunnen. Tausende von berühmten und unbekannten Gästen der Stadt sind an ihm schon vorbeigelaufen oder haben sich vor ihm fotografieren lassen. Der Löwe, der den 1570 fertig gestellten Brunnen zierte, musste 1774 der Neptunfigur mit dem Dreizack weichen.

Das Haus Nummer 15, zum Platz der Demokratie gelegen, ist das *Rote Schloss*, heute mit grauem Putz versehen. Das Renaissancegebäude mit einem schönen Portal entstand, wie auch das sich anschließende *Gelbe Schloss (Zugang vom Platz der Demokratie)*, als Herzoginnenwitwensitz. Das Rote Schloss wurde in die Erweiterung der Herzogin-Anna-Amalia-Bibliothek einbezogen.

Montags bis samstags findet ein ausgedehnter Obst- und Blumenmarkt statt, der dem Stadtbild einen bunten Tupfer aufsetzt. An diesen Tagen zieht von mindestens drei Ständen der Duft der Rostbratwürste über den Platz. Ausländische Gäste versammeln sich vor allem am ● *Bratwurstpoint* von Lutz Teufel – nicht etwa, weil auf dem Dach eine Riesenbratwurst lockt, sondern weil werbewirksam die Worte „Thüringer Bratwurst" auf chinesisch, koreanisch, japanisch, englisch und russisch zu lesen sind.

14 PARK AN DER ILM
(U C4–6) (🗺 c4–6)

Beiderseits des Flüsschens Ilm zieht sich ein großer Landschaftspark hin. Goethe und Herzog Carl August waren an der Gestaltung maßgeblich beteiligt *(s. Kapitel Stadtspaziergänge)*.

15 RATHAUS (U B4) (🗺 b4)

Die Westseite des Marktplatzes wird von dem stattlichen Rathaus im neogotischen Stil bestimmt. Das Gebäude wurde im Jahr 1841 eingeweiht. ● Im Rat-

Feine Töne aus dem Rathausturm: Glockenspiel aus Meißener Porzellan

hausturm ist seit 1987 ein **INSIDER TIPP** ▶ Glockenspiel aus Meißener Porzellan installiert, das weltweit zu den herausragendsten seiner Art gehört. Darauf können 43 Melodien gespielt werden. Fast alle davon gehören zu Stücken, die einen Bezug zu Weimar haben. *Markt 1 | Porzellanglocken erklingen April–Nov. 10, 12, 15 und 18 Uhr*

16 SCHILLERSTRASSE

(U A–B4) (*m̂ a–b4*)

Weimars repräsentativste Straße wurde in den Jahren 1968/69 zu einer der ersten Fußgängerzonen in der DDR umgestaltet und 30 Jahre später grundlegend erneuert. Entlang des heutigen Verlaufs erstreckte sich bis Mitte des 18. Jhs. die Stadtmauer.

eines Bauern, der zwei Gänse unter dem Arm hält, enthüllt.

Die Schillerstraße wartet noch darauf, zu pulsierendem Leben erweckt zu werden. Sie ist eigentlich als Flanier- und Shoppingmeile gedacht. Allerdings stehen einige Häuser leer und harren der Sanierung. Billiganbieter tragen leider nicht zur Hebung des Niveaus bei.

Schillers Wohnhaus an der Schillerstraße ist heute eine Gedenkstätte für den Dichter

Schillers Wohnhaus und der Gänsemännchenbrunnen sind die meistfotografierten Objekte in dieser Straße, die vor allem im Sommer besonderes Flair besitzt, wenn das Blätterdach der Ahornbäume sie beschirmt. Der Gänsemännchenbrunnen geht auf eine Idee Goethes zurück, der diesen Brunnen einst in Nürnberg entdeckt hatte. Er ließ vom Original einen Gipsabdruck anfertigen und wünschte sich eine Kopie in Weimar. Die leistete sich die Stadt auch. Aber erst 1863, also Jahrzehnte nach dem Tod des Dichters, wurde der Brunnen mit der Bronzefigur

17 SCHILLERS WOHNHAUS UND SCHILLER-MUSEUM (U A4) (*m̂ a4*)

Von 1802 bis zu seinem Tod am 9. Mai 1805 wohnte und arbeitete Friedrich Schiller in dem bescheidenen Haus an der Straße, die heute nach ihm benannt ist. Bereits seit 1847 wird das Haus als museale Gedenkstätte genutzt. Schiller arbeitete meist in der Nacht und ruhte am Tag. Um ungestört schöpferisch tätig sein zu können, zog er deshalb in das aus drei Räumen bestehende Mansardengeschoss, das sich heute so präsentiert, wie es zu Zeiten des Dichters ausgesehen haben könnte. In dem anspruchslos eingerichteten Arbeits- und Schlafzimmer bildet der Schreibtisch mit Globus, Uhr und Schnupftabaksdose den Blickpunkt. Hier hat der Dichter bei Kerzenlicht den „Wilhelm Tell" vollendet und am „Demetrius" gearbeitet. Die Wohnräume der Familie – Wohn-, Ess- und Gesellschaftszimmer – liegen eine Etage tiefer. *April–15. Okt. Di–Fr, So 9–18, Sa 9–19, 16. Okt.–März Di–So 9–16 Uhr | Führungen durch das Wohnhaus Mi, Fr, Sa 13, April–Okt. auch Sa 15 Uhr, Kinderführung Sa 14 Uhr (Tickets an der Museumskasse) | Schillerstr. 12*

Das hinter dem Wohnhaus gelegene Museum wurde 1988 als Neubau eröffnet. Dort zeigt die Klassik-Stiftung Sonderausstellungen zu unterschiedlichen Themen. Die Öffnungszeiten erfahren Sie bei der Besucherinformation. *Schillerstr. 12*

18 STADTHAUS (U B4) (🗺 b4)

Das stattliche Gebäude im Stil der Frührenaissance befindet sich an der Ostseite des Markts. Es entstand von 1526 bis 1547 und wurde später mehrere Male umgebaut. In dem Haus wurden Brot und Fleisch verkauft, Krämer unterhielten kleine Läden. Sein heutiges Aussehen bekam das Gebäude 1803/04. Nach der Zerstörung im Zweiten Weltkrieg wurde es um 1970 nach historischem Vorbild originalgetreu wiederaufgebaut. Im Stadthaus sind heute u. a. das Restaurant Ratskeller und die Tourist-Information untergebracht. *Markt 10*

19 THEATERPLATZ (U A4) (🗺 a4)

Wohl jeder Weimar-Besucher steht einmal auf diesem Platz, denn das Deutsche Nationaltheater und das Goethe-Schiller-Denkmal gehören zum festen Besichtigungsprogramm in der Klassikerstadt. Gegenüber, an der Ostseite des Platzes, errichtete der Architekt Clemens Wenzes-

laus Coudray 1823 eine Remise mit klassizistischer Fassade, die später dem Theater als Kulissenhaus diente. Von 1955 an wurden darin Sonderausstellungen der Kunstsammlungen gezeigt, 1995 zog dort das Bauhaus-Museum ein. Rechts daneben, in Richtung Schillerstraße, liegt das Wittumspalais.

20 WEIMAR-HAUS ● (U A4) (🗺 a4)

Luther, Goethe, Schiller und andere berühmte Bewohner und Gäste der Stadt ziehen an Ihnen vorüber: Im Weimar-Haus wird der Museumsbesuch zu einem unterhaltsamen und anschaulichen Spaziergang durch 5000 Jahre Weimarer und Thüringer Geschichte. Dazu tragen u. a. 3-D-Effekte, Kulissen und Wachsfiguren bei. *Führungen (Dauer 25 Min.) April–Sept. tgl. 9.30–18.30, Okt.–März 9.30–17.30 Uhr | Schillerstr. 16–18 | www.weimar-haus.de*

21 WIELAND-DENKMAL (U A5) (🗺 a5)

Die überlebensgroße Bronzestatue Christoph Martin Wielands, der zu seiner Zeit einer der erfolgreichsten Schriftsteller war, wurde 1857 enthüllt. Der Dichter ist in der Kleidung der damaligen Zeit dargestellt, in der linken Hand hält er das Versepos „Oberon", das zu seinen Hauptwerken gehört. *Wielandplatz*

22 WITTUMSPALAIS (U A4) (🗺 a4)

Herzogin Anna Amalia erwarb das Palais 1774 und wohnte darin bis zu ihrem Tod 1807. Die Wohn- und Repräsentationsräume veranschaulichen die Raumgestaltung und die Wohnkultur in der zweiten Hälfte des 18. Jhs., ferner vermitteln sie ein Bild der Menschen, die Anna Amalia umgaben. Im Tafelrundenzimmer im ersten Stock trafen sich montags Adlige, Künstler, Gelehrte und Persönlichkeiten aus dem gebildeten Bürgertum zu den

„Tafelrunden" der Regentin, um gemeinsam über Probleme ihrer Zeit zu diskutieren. Schlafzimmer, Schreibzimmer und zwei kleine Kabinette geben einen Einblick in die persönliche Lebenswelt der Herzogin, hier komponierte, musizierte und zeichnete sie. *April–15. Okt. Mi–Mo 10–18, 16. Okt.–März 10–16 Uhr | Führung So 11 Uhr | Theaterplatz*

NÖRDLICHE ALTSTADT

Wenn Sie den südlichen Teil der Altstadt besichtigt und noch Zeit übrig haben –

Hier wohnte die Herzogin: Wittumspalais

mindestens ein halber Tag sollte es schon sein –, beginnt die Erkundung der nördlichen Altstadt.

Vom Markt sind es nur wenige Schritte bis zum historischen Zentrum, dem Herderplatz mit der Stadtkirche St. Peter und Paul. Ältester Teil der Stadt ist allerdings die Gegend um die Jakobskirche und den Jakobskirchhof. Weimarer Geschichte verkörpert auch das mehrfach abgebrannte, um- und wieder aufgebaute Residenzschloss. Wer sich für das jüngere Weimar interessiert, besucht das sogenannte Gauforum oder das Neue Museum Weimar. In deren Nähe befindet sich mit dem Weimarhallenpark ein Ort der Erholung und Ruhe.

■1 ALBERT-SCHWEITZER-GEDENK- UND BEGEGNUNGSSTÄTTE
(U C3) *(♨ c3)*

Die Einrichtung würdigt das Leben und Werk von Albert Schweitzer (1875–1965). Der bedeutende Humanist, Philosoph, Theologe, Arzt und Musikwissenschaftler, der 1913 das Tropenhospital Lambarene gründete und dort als Missionsarzt wirkte, erhielt 1952 den Friedensnobelpreis. Die Gedenkstätte befindet sich im ehemaligen Haus von Johann Carl August Musäus (1735–87). Der Lehrer am Gymnasium in Weimar sammelte, wie später auch die Brüder Grimm, Volksmärchen aus allen Teilen Deutschlands.

Vor Musäus' Haus wurde 1968 das Albert-Schweitzer-Denkmal enthüllt, das erste Denkmal in Deutschland für den Arzt, der neben seiner Arbeit in Afrika auch für sein Engagement in der Anti-Atomkraft-Bewegung bekannt war. Das Denkmal stellt den Friedensnobelpreisträger mit langer Arbeitsschürze und Tropenhelm dar. Da Schweitzer als Organist ein glühender Verehrer von Johann Sebastian Bach war und zu den bedeutendsten Goethe-Kennern seiner Zeit gehörte, war

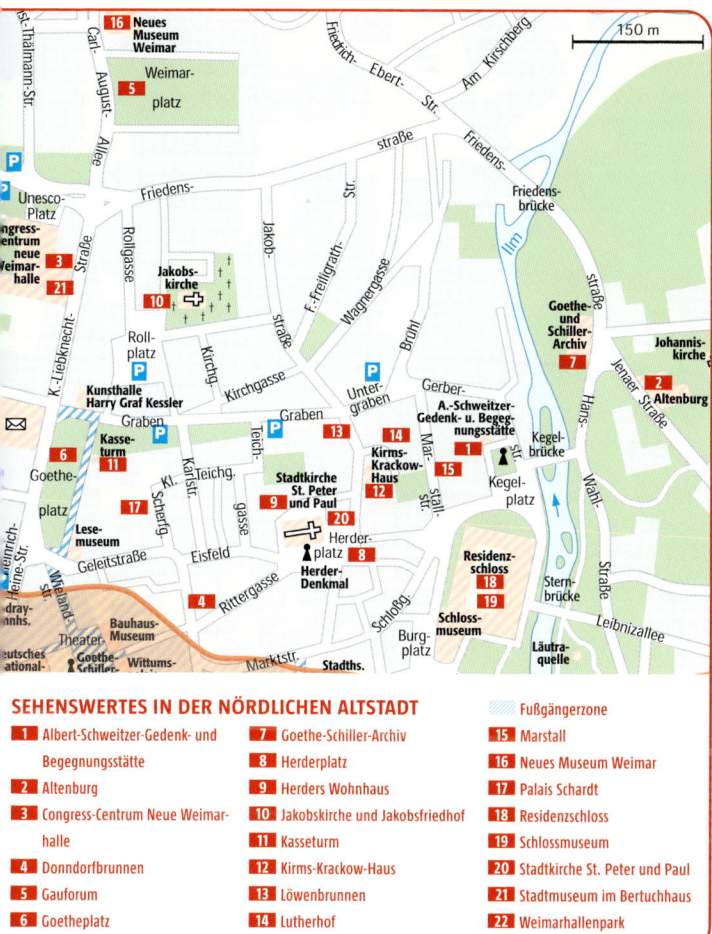

SEHENSWERTES IN DER NÖRDLICHEN ALTSTADT

1 Albert-Schweitzer-Gedenk- und Begegnungsstätte

2 Altenburg

3 Congress-Centrum Neue Weimarhalle

4 Donndorfbrunnen

5 Gauforum

6 Goetheplatz

7 Goethe-Schiller-Archiv

8 Herderplatz

9 Herders Wohnhaus

10 Jakobskirche und Jakobsfriedhof

11 Kasseturm

12 Kirms-Krackow-Haus

13 Löwenbrunnen

14 Lutherhof

Fußgängerzone

15 Marstall

16 Neues Museum Weimar

17 Palais Schardt

18 Residenzschloss

19 Schlossmuseum

20 Stadtkirche St. Peter und Paul

21 Stadtmuseum im Bertuchhaus

22 Weimarhallenpark

es naheliegend, das Denkmal in Weimar zu errichten. *Mai–Okt. Mo–Fr 11–17, Nov.–April 11–16 Uhr | Kegelplatz 4 | www. albert-schweitzer-weimar.de*

2 ALTENBURG 🌿 **(U C3)** (*ш c3*)
Musikfreunde pilgern gern zu dem klassizistischen Bau auf einem kleinen, von der Ilm umflossenen Bergrücken: Hier wohn-

te der Komponist Franz Liszt von 1848 bis 1861 mit seiner damaligen Lebensgefährtin, der russischen Fürstin Carolyne von Sayn-Wittgenstein. Beide machten die Altenburg zum Mittelpunkt der Weimarer Gesellschaft. Auch heute ist das Gebäude eine Stätte der Musik. Es beherbergt die Hochschule für Musik und das Franz-Liszt-Zentrum Weimar. *Jenaer Str. 3*

Das Original des Donndorfbrunnens steht in New York

3 CONGRESS-CENTRUM NEUE WEIMARHALLE (U A2) (🗺 a2)

Die Weimarhalle ist das moderne Kongresszentrum, aber auch ein Begriff für das musikalische und gesellschaftliche Leben der Stadt. Als in Vorbereitung des Kulturstadtjahres die Sanierung des alten, 1932 eröffneten Bauwerkes beginnen sollte, zeigten sich gravierende statische Mängel, die einen kompletten Abriss unumgänglich machten. Die Neue Weimarhalle, die bis zu 1200 Menschen Platz bietet, wurde 1999 eingeweiht. Hinter ihr erstreckt sich der Weimarhallenpark mit dem Schwanenteich. *Unesco-Platz 1*

4 DONNDORFBRUNNEN (U B4) (🗺 b4)

Wer New York gut kennt, dem dürfte dieser Brunnen bekannt vorkommen. Am New Yorker Union Square steht nämlich das von Adolf von Donndorf 1881 geschaffene Original. Eine Kopie der überlebensgroßen Bronzegruppe einer Wasser holenden Mutter mit ihren beiden Kindern hatte von Donndorf 1895 seiner Geburtsstadt geschenkt. Benannt wurde der Brunnen nach dem edlen Spender, der auf einer Bronzetafel eingravieren ließ: „Meiner Vaterstadt Liebe und Dankbarkeit gewidmet". *Rittergasse/Geleitstr.*

5 GAUFORUM (U A1–2) (🗺 a1–2)

Die Nationalsozialisten wollten in Weimar ein gigantisches Gebäudeensemble errichten, das sogenannte Gauforum. 1937 begannen die Bauarbeiten vor dem Landesmuseum; Adolf Hitler selbst kam zum ersten Spatenstich angereist. Trotz des Zweiten Weltkriegs gingen die Arbeiten weiter, erst 1944 wurden sie eingestellt. Entstanden ist ein gewaltiges Gebäudeviereck mit einem 15 000 m² großen Aufmarschplatz. Viele der ursprünglich geplanten Vorhaben wurden nicht begonnen, oder, wie die riesige Kongresshalle, nicht zu Ende gebracht. Nach dem Krieg wurde die Halle provisorisch als Mehrzweckgebäude hergerichtet, seit ihrer Fertigstellung 2005 dient sie unter dem Namen „Weimar Atrium" als Einkaufszentrum mit Läden und Restaurants. Andere Bauten des Komplexes nutzt die Verwaltung des Freistaats Thüringen. In einem Seitenfoyer des sogenannten Turmhauses ist zudem eine **INSIDER TIPP** Ausstellung über die Geschichte des Forums zu sehen. *Weimarplatz*

6 GOETHEPLATZ (U A3) (🗺 a3)

Der einst beschaulichste Platz Weimars hat sich im 20. Jh. zum Verkehrsknotenpunkt entwickelt. An seiner Westseite liegen das Hotel Russischer Hof und daneben die Löwenapotheke mit dem über dem Eingang eingemeißelten Baujahr 1799.

An der Ostseite steht der Rest der Stadtbefestigung: der dicke Kasseturm, den ein Säulengang mit einem 1860 im spätklassizistischen Stil fertiggestellten Gebäude verbindet, dem heutigen Jugendzentrum „mon ami". Bei der Restaurierung des Hauses wurden auch die sehenswerten **INSIDER TIPP** Freianlagen auf der Rückseite wieder hergestellt. Das benachbarte, nach dem Vorbild des Athener Niketempels entstandene ehemalige Lesemuseum (1859) geht auf eine Initiative der Großherzogin Maria Pawlowna zurück. Hier konnten sich die Bürger Weimars kostenlos über lokale und internationale Ereignisse informieren.

An der Nordseite des Platzes, heute Hausnumer 9b, war 1880 die Ausstellungshalle des Großherzoglichen Museums für Kunst und Kunstgewerbe eröffnet worden. Seit Jahren trägt sie den Namen Harry Graf Kessler und in der

Tradition des bedeutenden Mäzens werden hier Sonderausstellungen zeitgenössischer Kunst gezeigt, wird zu Konzerten und Lesungen eingeladen.

7 GOETHE-SCHILLER-ARCHIV
(U C2–3) (🗺 c2–3)

Der Sandsteinbau, der das älteste Literaturarchiv Deutschlands beherbergt, zeigt sich seit dem Frühjahr 2012 im neuen Glanz. Für rund 10 Mio. Euro erfolgte eine grundlegende Sanierung, zu der auch die Ausstattung mit modernster Technik gehörte. Das Gebäude ließ Großherzogin Sophie 1896 für die handschriftlichen Nachlässe Goethes und Schillers errichten. Heute werden hier Nachlässe und Autografen von mehr als 3000 Persönlichkeiten aufbewahrt, darunter Schriften von Christoph Martin Wieland, Johann Gottfried Herder, Achim und Bettina von Arnim, Börries von Münchhausen und Franz Liszt. Die Bestände des Archivs stehen für die wissenschaftliche Benutzung im Original oder in Kopie zur Verfügung. *Hans-Wahl-Str. 4*

8 HERDERPLATZ (U B3) (🗺 b3)

Drei Bauwerke an diesem Platz hat die Unesco zum Welterbe erklärt: Die Stadtkirche St. Peter und Paul, das Herderhaus und das Alte Gymnasium. Das Denkmal mit der überlebensgroßen Gestalt des Philosophen, Theologen und Schriftstellers im geistlichen Gewand schmückt die Mitte des Platzes. An seinem Fuß zu lesen ist Herders Wahlspruch „Licht – Liebe – Leben". Die Stadt ließ das Ehrenmal 1850 aufstellen. Es war das erste, das einem Vertreter des klassischen Weimars gewidmet wurde. Hinter der Stadtkirche befindet sich das Haus, in dem Johann Gottfried Herder 27 Jahre lang mit seiner Familie wohnte. Das Alte Gymnasium mit einer Freitreppe entstand in den Jahren 1715/16 in schlichten barocken

Formen. In dem Gebäude soll 2017 ein Herder-Museum eröffnet werden. Vor der Treppe steht seit 1831 der achteckige Herderbrunnen.

9 HERDERS WOHNHAUS
(U B3) (*b3*)

Das Haus, in dem Johann Gottfried Herder (1744–1803), der Wegbereiter der deutschen Klassik, wohnte, erfährt kaum Aufmerksamkeit. Herder war Generalsuperintendent des Herzogtums Sachsen-Weimar und Oberpfarrer der Stadtkirche. Goethe hatte ihn nach Weimar geholt. Das 1726 im Barockstil umgestaltete Wohnhaus Herders steht im Schatten der Stadtkirche, die meist als Herderkirche bezeichnet wird und bis heute Sitz des Superintendenten ist. Herder bewohnte dieses Haus mit seiner Familie von 1776 bis zu seinem Tod. Aufzeichnungen verraten, wie die Wohnung eingerichtet war: „Alles unendlich einfach, für ein modernes Auge beinahe ärmlich zu nennen."

Nach historischen Vorlagen entstand ● **INSIDER TIPP** Herders Hausgarten neu, eine kleine, versteckte grüne Oase. Der Garten, der im Gegensatz zum Haus betreten werden darf (*Mo–Fr 8–16 Uhr*), erhielt wieder die Wegführung und Bepflanzung, wie sie der Philosoph einst selbst angelegt hatte. Im Herderhof gibt es einen Laden, der neben geistlicher Literatur auch nette Mitbringsel anbietet. *Herderplatz 8*

10 JAKOBSKIRCHE UND JAKOBSFRIEDHOF (U A2) (*a2*)

Für Goethe-Verehrer auch eine Pilgerstätte, denn in dieser Kirche wurden am 19. Oktober 1806 Johann Wolfgang von Goethe und Christiane Vulpius getraut, nachdem sie bereits 18 Jahre zusammengelebt hatten. Die Trauung fand in der Sakristei statt, einem Raum hinter dem Altar. Die Kirche wurde 1712–14 errichtet, nachdem das Vorgängergebäude wegen Baufälligkeit abgetragen werden musste. Von der ☀ Türmerwohnung, et-

So lebte einst das gehobene Bürgertum: Innenhof des Kirms-Krackow-Hauses

was mühsam über ausgetretene Stufen erreichbar, haben Sie einen **INSIDER TIPP** schönen Blick auf Weimar.

Rund um die Kirche erstreckt sich der älteste Friedhof der Stadt. Auf dem Jakobskirchhof befinden sich bedeutende Grabstellen. Hier sind Christiane von Goethe, Caroline Herder – die Ehefrau Johann Gottfried Herders –, der Maler Lucas Cranach d. Ä., der Schriftsteller Johann Carl August Musäus und der Bildhauer Gottlieb Martin Klauer bestattet. Im Kassengewölbe rechts am Friedhofsende bekamen diejenigen ihre Grabstelle, die keine eigene Familiengruft besäßen. Von 1805–1827 ruhte hier Friedrich Schiller. Der barocke Pavillon über dem Bauwerk musste 1854 abgerissen werden, das heute an dieser Stelle stehende Gebäude wurde 1913 errichtet. Seit 1818 finden auf dem Friedhof keine Beisetzungen mehr statt. Von Juli bis September können Besucher jeden Samstag um 12 Uhr den **INSIDER TIPP** Mittagsmusiken lauschen, die auf der Böhmorgel gespielt werden.

April–Okt. Mo–Sa 10–16, So 11–16, Nov.–März tgl. 11–15 Uhr Am Jakobskirchhof

🟥11 KASSETURM (U A3) (🗺 a3)

In dem mittelalterlichen Turm herrscht reges Treiben, denn er beherbergt einen der Studentenclubs der Stadt. Der Kasseturm ist ein Rest der alten Stadtbefestigung. Seinen Namen bekam er 1774, als dort eine herzogliche Finanzabteilung, die so genannte Landschaftskasse, einzog. *Goetheplatz*

🟥12 KIRMS-KRACKOW-HAUS (U B3) (🗺 b3)

In dem Haus können Sie sich ein Bild davon machen, wie das wohlhabende Bürgertum in der spätklassischen und nachklassischen Zeit in Weimar gelebt und gewohnt hat. Benannt ist das Renaissancegebäude aus dem 16. Jh. – eines der ältesten und schönsten Bürgerhäuser der Stadt – nach seinen ehemaligen Besitzern. Franz Kirms war herzoglicher Amtsschreiber, Karoline Krackow, die er 1823 heiratete, Kammerfrau. Der zauberhafte Innenhof mit seinen Galerien an den Seitengebäuden, den Sie durch eine breite Toreinfahrt betreten, versetzt Sie in vergangene Zeiten. Erhalten geblieben ist auch die alte Wasserpumpe. Der Knauf an ihrem eisernen Schwengel soll ursprünglich eine Kanonenkugel gewesen sein, die Napoleons Truppen 1806 abgeschossen haben. *April–Okt. Fr 13.30–17, Sa/So 10–17 Uhr* Durch den Innenhof gelangen Sie zum Biedermeiergarten mit einem barocken Pavillon. Wer aufmerksam ist, entdeckt rechter Hand eine offene Pforte. Sie führt in den **INSIDER TIPP** angrenzenden Garten des ehemaligen Bankierhauses in der Marstallstraße 3. Er wurde so rekonstruiert, wie er Mitte des 19. Jhs. ausgesehen hat. *Tgl. 8–20 Uhr bzw. bis Einbruch der Dunkelheit | Jakobstr. 10*

NÖRDLICHE ALTSTADT

13 LÖWENBRUNNEN (U B3) (🗺 b3)

Der bekrönte Löwe, das Wappentier der Stadt Weimar und der Grafen von Orlamünde, der einstigen Landesherren und Stadtrechtsverleiher, steht in 5 m Höhe auf einer Säule und stützt sich auf das Schild des Hauses Wettin. Der erste Brunnen an dieser Stelle entstand 1800/01, sein heutiges Aussehen aus Sandstein erhielt er Mitte des 19. Jhs. *Graben*

14 LUTHERHOF (U B3) (🗺 b3)

Bis heute hält sich hartnäckig die Behauptung, Luther habe in dem Haus Nummer 1 in der Luthergasse gewohnt. Das ist aber nicht belegt. In Weimar hielt sich der Reformator jedoch zwischen 1518 und 1540 mehrmals auf, um von der Kanzel der Schlosskirche zu predigen – die Weimarer Landesherren förderten die Reformation. Das Haus besaß damals Johann Burgkhardt, dessen Bruder Luther freundschaftlich verbunden war. In den späteren Jahren wohnten hier Christoph Martin Wieland und Johann Daniel Falk (1768–1826), der zum Kreis um die Herzoginmutter Anna Amalia gehörte und sich besonders um Kriegswaisen kümmerte. In dem Haus schrieb Falk das bekannte Weihnachtslied „O du fröhliche...". Zwei Häuser weiter, in der Nummer 5, verlebte Christiane Vulpius, Goethes Frau, ihre Kindheit. *Luthergasse*

15 MARSTALL (U B3) (🗺 b3)

Der herzogliche Marstall entstand 1873–78 als zweistöckiges, langgestrecktes Bauwerk im Neorenaissancestil. Nach 1919 nutzte es die Landesregierung, in der NS-Zeit befand sich hier die Gestapostelle Weimar. Eine Gedenktafel aus schwedischem Granit erinnert an die in dem Haus gefolterten Menschen. Heute ist im ehemaligen Marstall das Thüringische Hauptstaatsarchiv untergebracht. *Marstallstr. 2*

16 NEUES MUSEUM WEIMAR ★ (U A1) (🗺 a1)

Das Museum für zeitgenössische Kunst in den neuen Bundesländern gibt in Sonderausstellungen Einblick in seine Bestände. Über die Zukunft des Hauses wurde bei Redaktionsschluss diskutiert: Sollte es wie einst die fürstlichen Sammlungen präsentieren, die zu diesem Zeitpunkt im Residenzschloss ausgestellt waren, oder weiterhin Gegenwartskunst zeigen, um eine Verbindung zu dem in der Nähe entstehenden neuen Bauhaus-Museum herzustellen?

Der rekonstruierte Bau im Neorenaissancestil wurde 1869 als Großherzogliches Museum eröffnet und hieß seit 1919 Landesmuseum. In den 1920er-Jahren fanden wegweisende Ausstellungen moderner Kunst statt, in der NS-Zeit waren die berüchtigten Schauen „Entartete Kunst" und „Entartete Musik" zu sehen. Am Ende des Zweiten Weltkriegs standen von dem Bauwerk nur noch die Außenmauern. An der Innengestaltung in den 1990ern waren international renommierte Künstler wie Daniel Buren und Sol LeWitt beteiligt. Seit der Eröffnung im Jahr 1998 fasziniert im ersten Obergeschoss wieder die nach dem Hofmaler Friedrich Preller d. Ä. benannte Galerie mit seinen Wandmalereien zum Thema Odyssee. *April–15. Okt. Di–So 11–18, 16. Okt.–März 11–16 Uhr | Weimarplatz 4* In der Dependance im *E-Werk* (U C1) (🗺 c1) ist die eindrückliche INSIDER TIPP ▶ Rauminstallation „Konzert für Buchenwald" von Rebecca Horn zu sehen, ein bedeutendes Beispiel der Auseinandersetzung mit dem Holocaust in der zeitgenössischen Kunst. *Mai–15. Okt. Sa/So 12–16 Uhr | Am Kirschberg 7*

17 PALAIS SCHARDT (U A3) (🗺 a3)

Bauherr war vermutlich Charlotte von Steins Vater, der herzogliche Hausmarschall Johann Wilhelm Christian von Schardt. Hinter dem Haus steht ein achteckiger Gartenpavillon. In ihm sollen sich Goethe und seine spätere Freundin Charlotte von Stein zum ersten Mal begegnet sein. In dem Haus wird eine **INSIDER TIPP** **Schausammlung historischer Puppenstuben und Puppen** gezeigt. *Jan./Feb. Fr/ Sa, März–Okt. Di, Do–Sa, Nov./Dez. Di/ Fr/Sa 13–16 Uhr | Scherfgasse 3 | www. goethepavillon.de*

hat. Besonders interessant sind im ersten Obergeschoss der Festsaal und die Falkengalerie. 1919, in den ersten Tagen der Weimarer Republik, war das Schloss vorübergehend Regierungssitz. Reichspräsident Friedrich Ebert und Ministerpräsident Philipp Scheidemann arbeiteten hier bis zu ihrer Rückkehr nach Berlin. Heute befinden sich in dem Bauwerk das Schlossmuseum und Verwaltungen. *Burgplatz*

Der Rote Salon im Residenzschloss: Hier erleben Sie Klassizismus in Reinform

18 RESIDENZSCHLOSS
(U C3–4) (M c3–4)

Die Dreiflügelanlage mit schlankem Turm ist das Werk mehrerer Baumeister. Nach dem Brand der Wilhelmsburg 1774 entstand es in seiner heutigen Gestalt. 1803 zog die herzogliche Familie ein. 1914 kam als jüngster Gebäudeteil der Südflügel hinzu. Die Räume des Weimarer Stadtschlosses gehören zu den schönsten, die der Klassizismus in Deutschlands Schlössern hinterlassen

19 SCHLOSSMUSEUM ⭐ ●
(U C3–4) (M c3–4)

In den historischen Räumen des Residenzschlosses werden Malerei, Grafik und Plastik vom Mittelalter bis zum Anfang des 20. Jhs. ausgestellt. Die Sammlungen gehören zu den bedeutendsten in Thüringen. Im Erdgeschoss sehen Sie Arbeiten der religiösen Kunst des Mittelalters. Außerdem werden hier Werke aus der Renaissance gezeigt, darunter eine Auswahl bedeutender Arbei-

Bedeutende Kunstwerke in historischen Gemäuern: Schlossmuseum im Stadtschloss

ten von Lucas Cranach d. Ä., wie das Bild „Luther als Junker Jörg".

Durch das Audienzzimmer Herzog Carl Augusts führt der Weg ins erste Obergeschoss zur Galerie niederländischer und italienischer Malerei. Hier sind einige Bilder von Peter Paul Rubens, Willem van de Velde (Hafenszenen) und Tintoretto zu sehen. Auch spanische Maler sind vertreten. Im Westflügel hängen Gemälde aus der Zeit der Aufklärung, darunter Werke von Anton Maron und Johann Friedrich August Tischbein. Beachtenswert in diesem Geschoss sind auch historische Wohn- und Festräume des Klassizismus. Original erhalten blieben im sogenannten Kleinen Flügel die Gesellschaftsräume der Großherzogin Maria Pawlowna. Die **INSIDER TIPP** Dichterzimmer im Westflügel, auf Anregung Maria Pawlownas eingerichtet, gel-

ten als die frühesten Erinnerungsstätten für Goethe, Schiller, Wieland und Herder. Über das beeindruckende Marmortreppenhaus – ein hervorragendes Beispiel klassizistischer Architektur in Deutschland – erreichen Sie das zweite Obergeschoss, wo Arbeiten von Vertretern der „Weimarer Malerschule" ausgestellt sind. Bis 2017 wird sich in Weimars Museumslandschaft viel ändern. Ihr Herzstück wird das Residenzschloss werden, deshalb dürfte es im Schlossmuseum in nächster Zeit die meisten Neuerungen geben. *April–15. Okt. Di–So 10–18, 16. Okt.–März 10–16 Uhr | Führung durch das Schlossmuseum Sa 11 Uhr | Burgplatz 4*

20 STADTKIRCHE ST. PETER UND PAUL ★ ● (U B3) (🏛 b3)

Das bedeutendste Kirchengebäude Weimars ist allgemein nur als Herderkirche bekannt. Denn Johann Gottfried Herder wirkte hier und wurde nach seinem Tod 1803 auch vor Ort beigesetzt. Die Grabplatte liegt im mittleren Kirchenschiff. An der Nordwand des Chors ist der Grabstein für den 1553 gestorbenen Maler Lucas Cranach d. Ä. angebracht, doch seine Grabstätte liegt auf dem Jakobsfriedhof. Prominentes Ausstattungsstück ist das dreiflügelige Altarbild. Cranach hat das Werk 1552 begonnen, nach seinem Tod hat es sein Sohn vollendet. Das Gotteshaus erhielt sein heutiges spätgotisches Aussehen um 1500. *April–Okt. Mo–Fr 10–18, Sa 10–12, 14–16, So 11–12, 14–16 Uhr, Nov.–März tgl. 11–12, 14–16 Uhr | Herderplatz | www.ek-weimar.de*

21 STADTMUSEUM IM BERTUCHHAUS
(U A2) (🗺 a2)

Das Stadtmuseum informiert u. a. über die Tagung der ersten Nationalversammlung 1919 im Deutschen Nationaltheater und über die Weimarer Republik. Ein weiterer Teil des Hauses beschäftigt sich mit der Geschichte Weimars. Regelmäßig finden Sonderausstellungen statt. Das Museum befindet sich seit 1954 in dem Haus, das Friedrich Schiller als das „unstreitig schönste Haus der Stadt" bezeichnete. Ihm gefiel vermutlich besonders der klassizistische Mittelbau mit der repräsentativen Vorhalle, der den Nord- und den Südflügel verbindet. Das zwischen 1780 und 1802 in zwei Bauabschnitten errichtete stattliche Bürger- und Gesellschaftshaus ist benannt nach dem Bauherrn, dem Schriftsteller, Verleger und Unternehmer Friedrich Justin Bertuch (1747–1822). *Di–So 10–17 Uhr | Karl-Liebknecht-Str. 5–9 | stadtmuseum.weimar.de*

22 WEIMARHALLENPARK
(114 B4) (🗺 H4)

Der einstige Garten des Goethe-Zeitgenossen und Verlegers Justin Bertuch wurde 1932 umgestaltet. Heute ist er ein Ort der Erholung und Ruhe für die Weimarer und ihre Gäste. Am Parkrand liegen das *Congress-Centrum Neue Weimarhalle* sowie das heute vom Stadtmuseum genutzte einstige Wohn- und Geschäftshaus von Bertuch. Im von Eiben umsäumten Familiengrab am südwestlichen Parkende fand Bertuch 1822 seine letzte Ruhestätte. An der südlichen Mauer zum Park plätschert der 1847 von der Großherzogin Maria Pawlowna gestiftete Muschelbrunnen. *Schwanseestr.*

SÜDLICH DES ZENTRUMS

Im 19. Jh. dehnte sich Weimar in südlicher Richtung aus. Hier ist alles weitläufiger, die Sehenswürdigkeiten beiderseits des Historischen Friedhofs sind fast immer von viel Grün umgeben.

Was es in dieser Gegend zu entdecken gibt, steht den Schätzen in der historischen Altstadt nicht nach. Der goldene Schmuck aus dem Grab einer ostgotischen Prinzessin im Museum für Ur- und Frühgeschichte gehört ebenso zu den Raritäten wie der Konzertflügel von Franz Liszt, welcher Weimar zum Mittelpunkt des deutschen Musiklebens machte, und die Häuser, die an den belgischen Jugendstilkünstler Henry van de Velde erinnern, aus dessen Kunstgewerbeschule das in Weimar gegründete Bauhaus hervorging.

1 BAUHAUS-UNIVERSITÄT
(U B6) (🗺 b6)

Das Hauptgebäude der Universität gehört seit 1996 zum Unesco-Welterbe – nicht nur, weil hier berühmte Lehrer gewirkt haben, sondern wohl auch, weil das Haus von 1904 bis 1911 nach Entwürfen des renommierten belgischen Architekten Henry van de Velde entstanden ist. Van de Velde hat auch das gegenüberliegende, niedrigere Gebäude entworfen, in dem vor dem Ersten Weltkrieg die Kunstgewerbeschule ihr Domizil hatte. An der Bauhaus-Universität, die aus der 1946 gegründeten Hochschule für Architektur und Bauwesen hervorging, sind heute rund 5000 Studierende immatrikuliert. *Geschwister-Scholl-Str. | www.uni-weimar.de*

Ein besonderes Bonbon: Studenten führen beim ● *Bauhaus-Spaziergang* durch Geschichte und Gegenwart der Unesco-Welterbestätten Bauhaus. *April–Nov. Di, Do–So, Dez.–März Fr/Sa 13.30 Uhr ab Bauhaus-Museum (Theaterplatz), 14 Uhr ab Bauhaus-Atelier (Geschwister-Scholl-Str. 8) | kleiner Spaziergang 1,5 Std., großer Spaziergang 2,5 Std.*

2 CRANACHSTRASSE
(114 A–B 5–6) (∅ G–H5)

Wer ein Faible für Architektur und Geschichte hat, läuft die Cranachstraße entlang. Viele der eindrucksvollen Häuser haben eine interessante Geschichte. Näheres erfahren Sie im Kapitel Stadtspaziergänge.

3 DENKMAL DER MÄRZGEFALLENEN
(114 B6) (∅ H6)

Aus Kalkstein hat Walter Gropius, der Direktor des Bauhauses, das Denkmal geschaffen. Es ehrt die 1920 vor dem Volkshaus erschossenen Teilnehmer einer Demonstration zur Niederschlagung des Kapp-Putsches. Am 1. Mai 1922 wurde es auf dem Historischen Friedhof enthüllt, mehr als 4000 Menschen nahmen an der Einweihung teil. Die Nazis erklärten das Denkmal zur „entarteten Kunst" und zerstörten es. Bereits 1946 wurde es nachgebaut, allerdings nicht originalgetreu, sondern in kleinerem Format. *Berkaer Str.*

4 FÜRSTENGRUFT (U A6) (∅ a6)

Herzog Carl August ließ das schlichte klassizistische Mausoleum für die verstorbenen Mitglieder der großherzoglichen

Die Cranachstraße mit ihren alten Gebäuden ist ein lohnendes Ziel für Architekturbegeisterte

SEHENSWERTES SÜDLICH DES ZENTRUMS

1 Bauhaus-Universität
2 Cranachstraße
3 Denkmal der Märzgefallenen
4 Fürstengruft
5 Goethes Gartenhaus
6 Haus am Horn
7 Historischer Friedhof
8 Liszt-Haus
9 Museum für Ur- und
Frühgeschichte Thüringens
10 Nietzsche-Archiv
11 Palais Henneberg
12 Parkhöhle
13 Römisches Haus
14 Russisch-orthodoxe Kapelle
15 Shakespeare-Denkmal

Familie errichten, deren Särge 1825 von der Schlosskirche hierher gebracht wurden. Außerdem hatte Carl August den Wunsch, Weimars Dichterfürsten auch im Tod nahe zu sein. Deshalb wurden die sterblichen Überreste Friedrich Schillers – oder das, was die Zeitgenossen dafür hielten – 1827 in die Gruft überführt und auch Johann Wolfgang von Goethe am 26. März 1832 hier beigesetzt *(s. Kapitel Stadtspaziergänge)*. Da seit 2008 allerdings bewiesen ist, dass nicht Schillers Gebeine in der Gruft ruhen *(s. Kapitel Stichworte)*, erinnert heute ein leerer Sarg an den Dichter. *April–15. Okt. tgl. 10–18, 16. Okt.–März 10–16 Uhr*

5 GOETHES GARTENHAUS
(U C5) (🗺 c5)

Von 1776–1782 hat Goethe in dem Haus an der Ilm gewohnt. Auch nach seinem Umzug in das Haus am Frauenplan kehrte er oft hierher zurück. Seit der Restaurierung 1996 vermittelt das Gartenhaus, das schon Ende des 19. Jhs. Erinnerungsstätte wurde, wieder einen Eindruck dessen, was es stets für Goethe war: ein Rückzugs- und Arbeitsort. Die originalen Einrichtungsgegenstände geben Besuchern eine ungefähre Vorstellung davon, wie Goethe hier wohnte. An dem Stehpult im Arbeitszimmer – Goethe arbeitete gern im Stehen – begann der Dichter an dem Roman „Wilhelm Meisters theatralische Sendung", dem sogenannten „Urmeister", zu schreiben.

Der Garten des Hauses zeigt sich heute wieder wie zu Goethes Zeiten. Am westlichen Ende steht der INSIDER TIPP Stein des guten Glücks, der als Miniaturausgabe in den Souvenirgeschäften Weimars verkauft wird. *April–15. Okt. Mi–Mo 10–18, 16. Okt.–März 10–16 Uhr | Führung April–15. Okt. Sa 11 Uhr | Park an der Ilm*

6 INSIDER TIPP HAUS AM HORN
(U C6) (🗺 c6)

Das einzige Architekturbeispiel, das in Weimar an das Wirken des Bauhauses erinnert. Bauhausdirektor Walter Gropius plante Anfang der 1920er-Jahre eine Siedlung, doch das Projekt konnte nicht verwirklicht werden. Lediglich das Haus am Horn, vom damals jüngsten Bauhausmitarbeiter Georg Muche entworfen, entstand 1923 als Musterwohnhaus. An der Errichtung und Ausstattung waren alle Werkstätten des Bauhauses beteiligt. Nach umfangreicher Sanierung dient das bungalowähnliche Bauwerk seit 1999 der Bauhaus-Universität als Ausstellungshaus. *April–Okt. Mi/Sa/So 11–17 Uhr | Am Horn 61 | www.hausamhorn.de*

7 HISTORISCHER FRIEDHOF ★
(U A6) (🗺 a6)

Der historische Friedhof ist eine der bedeutendsten Begräbnisstätten in Deutschland, denn hier ruhen zahlreiche Persönlichkeiten der deutschen Geistes- und Kunstgeschichte *(s. Kapitel Stadtspaziergänge). März–Sept. tgl. 8–21, Okt.–Feb. 8–18 Uhr | Am Poseckschen Garten*

8 LISZT-HAUS (U B5) (🗺 b5)

Von 1869 bis zu seinem Tod 1886 bewohnte Franz Liszt vornehmlich in den Sommermonaten die Räume des ersten Stockwerks in dem schlichten Gebäude, das einst das Hofgärtnerhaus gewesen war. Den Bau am westlichen Rand des Parks an der Ilm hatte der Großherzog Liszt mit der Absicht zur Verfügung gestellt, den Komponisten an Weimar zu binden.

Das Wohn- und Arbeitszimmer blieb original erhalten und ist seit über 100 Jahren zu besichtigen. Ein Teil der Wohnungseinrichtung stammt aus der Altenburg – beispielsweise war das Mobiliar des Speisezimmers im Besitz der Fürstin Carolyne von Sayn-Wittgenstein. Mit ihr hatte Franz Liszt auf der Altenburg gelebt. Im Erdgeschoss erleben Besucher das musikalische Werk Liszts visuell und akustisch. Zur INSIDER TIPP Matinee am Montag *(April–Juli, Sept/Okt. 1. und 3. Mo im Monat 12 Uhr)* spielen Studenten auf dem originalen Bechsteinflügel. *April–15. Okt. Di–So 10–18, 16. Okt.–März Sa/So 10–16 Uhr | Marienstr. 17*

Ganz in der Nähe, im Park an der Ilm, steht ein Denkmal für Franz Liszt, das der Münchner Bildhauer Hermann Hahn 1902 geschaffen hat. Das Standbild des Komponisten, Pianisten und Dirigenten ist aus weißem Carraramarmor gearbeitet, für das Mosaikpflaster des Podests wurde farbiger Naturstein verwendet.

Im Liszt-Haus entdecken Sie das Werk des Komponisten mit Ihren Augen und Ohren

9 MUSEUM FÜR UR- UND FRÜHGESCHICHTE THÜRINGENS
(U A5) (🗺 a5)

Das Museum informiert ausführlich über die Ur- und Frühgeschichte des Bundeslandes. Zu den Exponaten zählen altsteinzeitliche Funde aus Bilzingsleben und Weimar-Ehringsdorf, die zu den ältesten Nachweisen menschlicher Existenz in Mitteleuropa gehören. Zahlreiche Werkzeuge, Feuerstellen, Jagdtierknochen und Pflanzenabdrücke geben Aufschluss über das Leben der Menschen in der Altsteinzeit. Besonders interessant sind auch die Goldschmiedearbeiten aus dem in Haßleben entdeckten Grab einer germanischen Fürstin, die Wirtschaftsgegenstände und Pfahlgötzen aus dem germanischen Moor- und Seeheiligtum von Oberdorla bei Mühlhausen sowie der goldene Schmuck aus dem Grab einer ostgotischen Prinzessin, das in Oßmannstedt bei Weimar gefunden wurde und aus der Völkerwanderungszeit stammt. *Di 9–18, Mi–Fr 9–17, Sa/So 10–17 Uhr | Humboldtstr. 11*

10 NIETZSCHE-ARCHIV
(114 A6) (🗺 G6)

Friedrich Nietzsche, der große, umstrittene Philosoph vom Ende des 19. Jhs., verbrachte seine drei letzten Lebensjahre in der Villa seiner Schwester in Weimar. Nach Nietzsches Tod übernahm der in Weimar tätige berühmte belgische Architekt Henry van de Velde den Umbau und die Innenausstattung des Hauses zu einer Arbeits- und Gedenkstätte. Zur DDR-Zeit wurde Nietzsche weitgehend ignoriert, das Archiv geschlossen. Heute trägt das Haus wieder den Namen Nietzsche-Archiv. Zu besichtigen sind der Bibliotheksraum, das Arbeitszimmer mit Porträtdarstellungen Nietzsches sowie das ehemalige Speisezimmer mit einer Ausstellung zur Baugeschichte des Hauses und zur Geschichte des Archivs. *April–Okt. Di–So 11–16 Uhr | Humboldtstr. 36*

11 PALAIS HENNEBERG
(114 A6) (🗺 G5)

Für Architekturinteressierte ein Muss, denn das 1913/14 entstandene Haus hat Henry van de Velde entworfen. Die Villa des belgischen Architekten gilt als eines der Vorbilder der Postmoderne. Benannt ist sie nach ihrem Bauherrn, dem Freiherrn von Henneberg, der sie

13 RÖMISCHES HAUS ☆ (U C6) (🗺 c6)

Den Auftrag, eine großherzogliche Sommerwohnung zu errichten, bekam Goethe von Carl August mit den Worten:

Südländische Architektur an der Ilm: Goethes Italienreise bot Inspiration für das Römische Haus

nach dem Ersten Weltkrieg verkaufte. Das Bauwerk beherbergt heute einen Waldorfkindergarten. *Gutenbergstr. 1a*

12 PARKHÖHLE ● (U B5) (🗺 b5)

12 m unter dem Ilmpark verläuft ein Stollensystem, das in den 1990er-Jahren für die Besichtigung hergerichtet wurde. Die Stollen entstanden ab 1794 für eine geplante Bierbrauerei, später wurden sie durch den Abbau von Sand und Kies erweitert. Die zwölf gemauerten Kammern des unterirdischen Labyrinths wurden im Zweiten Weltkrieg ursprünglich als Luftschutzbunker angelegt. *April–15. Okt. Di–So 10–12, 13–18, 16. Okt. –März 10–12, 13–16 Uhr (Führungen zur vollen Std.) | Eingang nahe Liszt-Haus/Mensa der Bauhaus-Universität*

„Den Bau des Gartenhauses übergebe ich dir ganz... tue, als wenn du für dich bautest." Das Haus entstand Ende des 18. Jhs. am Westufer der Ilm. Goethe ließ viele Elemente einfließen, die er von seiner Italienreise mitgebracht hatte. Die zeitgenössische Innenausstattung, an der Künstler aus Dresden, Weimar und Gotha beteiligt waren, gibt Einblick in die Privatsphäre der herzoglichen Familie. Im Untergeschoss ist eine Ausstellung über die Geschichte des Ilmparks zu sehen. *April–15. Okt. Mi–Mo 10–18, 16.–31. Okt. 10–16 Uhr | Park an der Ilm*

14 RUSSISCH-ORTHODOXE KAPELLE (U A6) (🗺 a6)

Die Kapelle im russisch-byzantinischen Stil entstand als Begräbnisstätte für die

1859 gestorbene Weimarer Großherzogin Maria Pawlowna. Sie wurde nach in Moskau angefertigten Zeichnungen an die Fürstengruft auf dem Historischen Friedhof angebaut. Die Diözese der russisch-orthodoxen Kirche Berlins nutzt die Kapelle für Gottesdienste. *April–15. Okt. tgl. 10–18, 16. Okt.–März 10–16 Uhr | Am Poseckschen Garten*

15 SHAKESPEARE-DENKMAL
(U C5) (⌖ c5)

Das einzige Denkmal in Deutschland, das dem englischen Dichter und Dramatiker William Shakespeare gewidmet ist, steht seit 1904 in Weimar. Die Anregung für das Ehrenmal aus italienischem Marmor gab die in Weimar ansässige Shakespeare-Gesellschaft, die erste literarische Gesellschaft Deutschlands überhaupt, die sich 1864 in der thüringischen Stadt gründete. Shakespeare spielte in Weimar stets eine wichtige Rolle. Friedrich Schiller und Christoph Martin Wieland übersetzten einige seiner Werke ins Deutsche und das Deutsche Nationaltheater brachte bedeutende Shakespeare-Inszenierungen hervor. *Park an der Ilm*

AM RAND DER STADT

Die reizvolle Thüringer Landschaft schiebt sich bis an die Stadtgrenzen heran, sodass die Herzöge ihre Sommerresidenzen fast in Rufweite des Residenzschlosses errichten ließen.

Tiefurt, Belvedere und Ettersburg, alle drei von schönen Parks umgeben, erreichten sie rasch mit der Kutsche. Heutzutage radelt man zu diesen Sehenswürdigkeiten oder man fährt mit den städtischen Buslinien. Auch Buchenwald, die grausame Stätte der Nationalsozialis-

ten im Nordwesten der Stadt, heute ein Ort der Erinnerung und der Mahnung an Barbarei und Unmenschlichkeit, ist mit dem Bus gut zu erreichen.

DEUTSCHES BIENENMUSEUM
(116 B2) (⌖ J6)

Das Bienenmuseum ist das älteste seiner Art in Deutschland, 1907 wurde es gegründet. Es entstand in Weimar, weil die Bienenzucht rund um die Stadt Tradition hat. Viele Exponate stammen deshalb aus der Region, beispielsweise die Figurenbeuten, lebensgroße, geschnitzte und bemalte Bienenstöcke in Menschen- und Tiergestalt. *April–Okt. Mi–So 10–18, Nov.–März 10–17 Uhr*

Angenehm sitzen Sie in der Gaststube des Bienenmuseums *(Mo geschl.)*. Und welcher Kuchen schmeckt hier besonders köstlich? Keine Frage: natürlich der INSIDER TIPP Bienenstich. *Ilmstr. 3 | dbm.lvti.de*

GEDENKSTÄTTE BUCHENWALD ⭐
(118 C2) (⌖ B–C1)

Die weiträumige Anlage auf dem Ettersberg, etwa 8 km vom Stadtzentrum entfernt, erinnert an mehr als 250 000 Menschen, die von 1937 bis 1945 im Konzentrationslager Buchenwald inhaftiert waren. Etwa 56 000 von ihnen kamen ums Leben. Die Nationalsozialisten hatten das KZ ab 1937 errichtet, die Häftlinge wurden seit 1943 in Buchenwald und in seinen insgesamt 136 Außenkommandos rücksichtslos in der Rüstungsindustrie ausgebeutet.

Von August 1945 bis 1950 nutzte die sowjetische Besatzungsmacht das Gelände als Internierungslager, in dem schuldige und vermeintlich schuldige Nationalsozialisten, aber auch willkürlich verhaftete Personen, unter ihnen Frauen und Jugendliche, inhaftiert waren. Von den etwa 28 000 Häftlingen starben mehr als 7000 vor allem an Krankheiten und Unterernährung. Sie wurden in Massengräbern verscharrt. Gegenüber diesem Gräberfeld entstand 1997 ein eigenes **INSIDER TIPP** Ausstellungsgebäude, in dem die Geschichte des Konzentrationslagers dokumentiert ist.

Ab 1954 wurde die *Nationale Mahn- und Gedenkstätte Buchenwald* geschaffen, die heute schlicht den Namen *Gedenkstätte Buchenwald* trägt. Zum ehemaligen Lager führt die 1939 von Häftlingen ausgebaute „Blutstraße", die teilweise noch original erhalten ist. Der Parkplatz und die Bushaltestelle entstanden auf dem Exerzierplatz der SS. Man betritt das Lagergelände durch das Tor mit der verhöhnenden Inschrift „Jedem das Seine". Informations- und Gedenktafeln sowie Gedenksteine erinnern an bedeutsame Orte und Ereignisse. Lagerbaracken sind nicht mehr vorhanden, ihre Grundrisse wurden durch Kupferschlacke markiert. Erhalten sind das Torgebäude mit dem Arrestzellenbau und Gedenkzellen für die hier ermordeten Häftlinge, die Häftlingskantine, das Krematorium mit einem museal gestalteten Nebengebäude. Das Desinfektionsgebäude dient heute als Kunstmuseum, und im Kammergebäude ist eine Dauerausstellung zur Geschichte des Lagers zu sehen.

Vom KZ aus führt der Weg zur Südseite des Ettersbergs, auf dem sich eine monumentale Denkmalanlage befindet, in die drei große Massengräber einbezogen wurden. Im Mittelpunkt erhebt sich das von dem Bildhauer Fritz Cremer gestaltete Denkmal (1958). Es vereint elf aus Bronze gegossene Figuren, die den Widerstandskampf im Lager darstellen. Krönung der gesamten Anlage ist der 50 m hohe Glockenturm mit einer Bronzeplatte im Inneren, unter der sich Erde aus anderen Konzentrationslagern befindet. Ein Museum am Eingang zum Mahnmal informiert über die Geschichte der Gedenkstätte Buchenwald seit 1945. Im Kino der Gedenkstätte wird mehrmals täglich ein **INSIDER TIPP** *Einführungsfilm (Dauer 30 Min.)* gezeigt. Die Besucherinformation am Parkplatz hält Informationsmaterial und Audioguides bereit und berät vor dem Rundgang. *Ca. 10 km nördl. von Weimar | Die Außenanlagen sind tgl. bis zum Einbruch der Dunkelheit zu besichtigen, Öffnungszeiten der musealen Einrichtungen: April–Okt. Di–So 10–18, Nov.–März 10–16 Uhr | Der Besuch der Gedenkstätte sowie der Ausstellungen ist kostenlos | www.buchenwald.de | Bus Linie 6*

HAUS HOHE PAPPELN (116 B4) (*J7*)

Dies ist das ehemalige Wohnhaus des Architekten Henry van de Velde. Der Wegbereiter des Bauhauses musste die Stadt bereits im Ersten Weltkrieg verlassen, weil er Ausländer war. Zwischen 1907 und 1908 errichtet, war sein Haus in den Vorkriegsjahren Mittelpunkt des geistigen Lebens in der Residenzstadt. In seiner Biografie mit dem Titel „Geschichte meines Lebens" hat der gebürtige Belgier seine Zeit in Weimar beschrieben. *April–Okt. Di–So 11–16 Uhr | Belvederer Allee 58*

KIRCHE GELMERODA (119 D3) (*F8*)

Die kleine Kirche im Ortsteil Gelmeroda ist weltbekannt. Der berühmte deutschamerikanische Künstler Lyonel Feininger erkor sie zu seinem Lieblingsmotiv. Er hinterließ elf meist großformatige Ölgemälde und unzählige Zeichnungen und Aquarelle des Gotteshauses, dessen Ursprünge bis ins 12. Jh. zurückgehen. Der Turm der Kirche stammt aus dem 15. Jh., die Barockkanzel entstand 1713. 1994 wurde die Kirche von Gelmeroda die erste Autobahnkirche in den neuen Bundesländern. *Petersgasse*

SCHLOSS UND PARK BELVEDERE ★

(116 B–C 5–6) (🕮 K8)

Schloss Belvedere war zu Goethes Zeiten nach Tiefurt und Ettersburg einer der Sommersitze der herzoglichen Familie. Den Bau der Anlage südlich der Stadt veranlasste Herzog Ernst August 1724, als Vorbild diente Schloss Belvedere in Wien. Der Barockbau, neben dem vier Kavaliershäuser stehen, ist umgeben von einem Park im englischen Landschaftsstil, den Hermann Fürst von Pückler-Muskau gestaltete. Eine Zierde ist der ● *Russische Garten*. Er entstand auf Anregung gymnasium als modernes Gebäude mit vielen Glasflächen. Das Untergeschoss des Baus, der Konzertsaal, ist einem antiken Stadion nachempfunden.

In den schönen Räumen des Schlosses – darunter der Festsaal – wird Kunsthandwerk aus dem 17. und dem 18. Jh. gezeigt. Die Arbeiten sind Zeugnisse vor allem der höfischen Kultur des 18. Jhs. Beeindruckend sind die Fayencen, das Porzellan und die Gläser. Die im 18. Jh. entstandenen Thüringer Porzellanmanufakturen sind fast alle mit Beispielen vertreten: Volkstedt, Wallendorf,

Der Stolz des Herzogs: Im Schloss Belvedere verbrachte der Adel den Sommer

von Großherzogin Maria Pawlowna, die sich vom Garten der Zarenfamilie in ihrer Heimat Pawlowsk bei St. Petersburg inspirieren ließ. Neben dem Russischen Garten liegen ein Heckentheater und ein Irrgarten. Im Park befinden sich außerdem die Orangerie und der Rote Turm, der bis 1820 im Garten des Wittumspalais stand und als Teesalon diente. In der Nähe des Schlosses entstand 1995/96 das Musik- Ilmenau und Limbach ebenso wie Gotha und Kloster Veilsdorf. Ein Einblick in die Entwicklung der Glaskunst wird anhand von Exponaten aus der Zeit vom 16. bis zum 19. Jh. gegeben. Ebenfalls zu sehen sind Möbel, vor allem Schreibmöbel und anspruchsvolle Raumausstattungen, sowie Textilien. *Öffnungszeiten Schloss: April–15. Okt. Di–So 10–18, 16. Okt.–31. Okt. 10–16 Uhr | Der Park ist ganzjährig geöff-*

net, die Orangerie Eingang Roter Turm Mitte/Ende Dez.–Feb. Mi–So 11–16, März–April 11–17 Uhr | Führung durch den Park So 11 Uhr | Belvederer Allee (außerhalb des Stadtzentrums) | Bus Linie 1

SCHLOSS UND PARK ETTERSBURG
(118 C2) *(M O)*

In das nördlich von Weimar gelegene Ensemble Ettersburg ist neues Leben eingezogen. Es finden Konzerte und Buchlesungen statt und das Schlossrestaurant wählen die Weimarer gern für Feierlichkeiten. Die Anlage, die aus dem dreiflügeligen Alten Schloss (1706-12) mit der sich östlich anschließenden Kirche und dem südlich als *Corps de Logis* vorgelagerten Neuen Schloss (1723-39) besteht, stand lange leer und konnte nur von außen besichtigt werden. Nach aufwändiger Sanierung sieht es hier seit 2008 beinahe wieder so aus wie zu Goethes Zeiten, als der Ort Schauplatz des geistig-kulturellen und geselligen Lebens des Weimarer Hofes war. Von 1776 bis 1780 bevorzugte Anna Amalia das Schloss als Sommersitz. Als sich die Herzoginwitwe dann Tiefurt zuwandte, verfiel Ettersburg in einen Dornröschenschlaf.

Von hier führt die sogenannte Zeitschneise über den Ettersberg zur Gedenkstätte Buchenwald. Seit dem Kulturstadtjahr 1999 verbindet sie Schloss Ettersburg, den Musenhof der Herzogin Anna Amalia, mit dem ehemaligen KZ Buchenwald. Der 1,3 km lange Waldweg verläuft über den Pücklerschlag zur *Grünehausallee*, eine Jagdschneise aus dem 18. Jh., die völlig zugewuchert war und wieder begehbar gemacht wurde. Entstanden ist so eine Schneise durch den Wald, ein Weg durch die Zeit, der die in Weimars Chronik vorhandenen Gegensätze deutscher Geschichte miteinander verknüpft und beim Wandern zum Nachdenken anregen soll. *Ca. 7 km nördl. von Weimar (Ettersberg) | Der Schlosspark kann ganzjährig besichtigt werden | In unregelmäßigen Abständen finden So 14 Uhr Schlossführungen statt. Termine im Internet, Anmeldung unter Tel. 03643 7 42 84 20 | www.schlossettersburg.de | Bus Linie 6*

SCHLOSS UND PARK TIEFURT
(115 F2) *(M L3)*

Herzogin Anna Amalia hatte sich in die Tiefurter Landschaft im Osten Weimars verliebt und wählte das Schlösschen

ENTSPANNEN & GENIESSEN

Pflastermüde? Erschöpft vom Sightseeing? Dann lassen Sie sich verwöhnen im ● *Wellness-Tempel Weimar* im Leonardo Hotel **(116 A1)** *(M J6) (Mo–Sa 10–18 Uhr | Belvederer Allee 25 | Tel. 03643 7 22 29 00 | www.wellnesstempel-weimar.de)*. Orientalische Kräuterstempel-Ganzkörpermassage, Hot-Stone-Gesichtsmassage, asiatische Kokos-Fußbehandlung oder klassische Rücken-Schulter-Nacken-Massage –

all diese individuell abgestimmten Behandlungen, von Wellnessprofis ausgeführt, schenken Ihnen Wohlbefinden, Entspannung und Harmonie. Im Healthclub des Hotels finden Sie außerdem einen kleinen Pool, eine Sauna sowie einen Fitnessbereich. Das Gute: Sie müssen kein Hotelgast sein, um all das nutzen zu dürfen. Sie sollten aber vorher telefonisch einen Termin vereinbaren.

Herzogin Anna Amalia liebte Schloss Tiefurt – und kam Sommer für Sommer wieder

als Sommersitz. Entstanden war das Bauwerk für den Kammergutpächter, ab 1776 wurde es als Prinzenwohnung umgebaut. Das, was man sich gemeinhin unter einem Schloss vorstellt, ist es jedoch nicht geworden. Schloss Tiefurt ist ein bescheidenes Haus geblieben. Zur Zeit der Herzogin wurde es zum Musenhof des klassischen Weimars. Goethe, Schiller, Wieland und Herder gehörten zu den ständigen Gästen. Das Schloss dient heute als Museum.

Der ⭐ ● *Tiefurter Landschaftspark* wurde ab Ende des 18. Jhs. nach englischem Vorbild angelegt. Ihn zieren u. a. der Teesalon, das erste in Deutschland für Wolfgang Amadeus Mozart errichtete Denkmal, eine Gedenkstätte für Johann Gottfried Herder und, aus Steintisch, Bank und Büste bestehend, „Wielands Lieblingsplatz". Zu den schönsten Bauwerken gehört der von Blumenrabatten umgebene **INSIDER TIPP▶** Musentempel.

In dem offenen Säulenbau steht eine Statue der Polyhymnia, der Muse des Tanzes und der Musik.

Die zum großen Teil original erhaltene Ausstattung der Gesellschafts-, Wohn- und Schlafräume im ersten Stock ist typisch für den Geschmack und die Wohnkultur der Goethezeit. Zu sehen sind Möbel, Fürstenberger und chinesisches Porzellan, Gemälde und Kopien antiker Kunstwerke. Die Schlossküche im Erdgeschoss des Seitenflügels hat nur im Sommer geöffnet. Sie wurde mit alten Küchengeräten so eingerichtet, wie sie Mitte des 19. Jhs. ausgesehen haben mag. Braten, Fische, Gemüse, Obst und Kuchen sind Attrappen aus Papiermaschee. Von April bis Oktober findet jeden Samstag um 14 Uhr eine **INSIDER TIPP▶** Führung durch den Park statt. Treffpunkt ist der Schlosseingang. *April–Okt. Mi–Mo 10–18 Uhr | Hauptstr. 1 | Ortsteil Tiefurt | Bus Linie 3*

ESSEN & TRINKEN

Die Thüringer – und demzufolge auch die Weimarer – lieben deftige Hausmannskost. Das war immer schon so, und daran wird sich wohl auch nichts ändern. Doch keine Sorge: Traditionelle Küche schließt phantasievolle Zubereitung nicht aus.

Viele der Köche in der Stadt servieren ihren Gästen echte Gaumenfreuden. Die verdiente Anerkennung erhalten sie durch Kochlöffel oder Sterne, die Restaurantführer zunehmend auch Küchenchefs in Weimar für kreative Speisen verleihen. Zu Ruhm über die Landesgrenzen hinaus brachten es die deftigen Speisen, an erster Stelle die Thüringer Rostbratwurst, deren Duft das ganze Jahr über durch die Stadt zieht. Rind-, Kalb- und Schweinefleisch wird pikant gewürzt und locker in Schweinedarm gestopft. Zu fest darf es nicht sein, damit sich die Wurst ausdehnen kann, wenn sie knusprig gebraten wird. Der Name der Wurst stammt übrigens nicht vom Braten, sondern von dem gehackten Fleisch, das auf dem Land „Brät" genannt wird. Der Legende nach soll die Thüringer Volksspeise Nummer eins so entstanden sein: Im 7. Jh. führten die Sorben, die im östlichen Thüringen siedelten, in Därme gefülltes Hackfleisch als Wegzehrung mit sich. Als Regen sie zu plötzlicher Rast zwang, wurden in der Schnelle die gefüllten Därme über das Feuer gehalten – und fertig war die erste Thüringer Bratwurst.

Berühmt sind ebenfalls die Thüringer Klöße, von denen es so viele Varianten geben soll wie in Thüringen Dörfer. Auch

Thüringer Klöße, Zwiebelkuchen, gute Weine und natürlich die berühmte Rostbratwurst – Weimar hat einige Spezialitäten zu bieten

in Weimar ist Kloß nicht gleich Kloß, jeder Koch und jede Hausfrau haben ihr eigenes Rezept, das meist aus dem elterlichen Haus übernommen wurde. Woran ist ein richtiger, guter Thüringer Kloß zu erkennen? Daran, dass man ihn nicht als Beilage, sondern als Hauptgericht isst.

Die Kartoffel bestimmt den Speisezettel, was nicht immer so war. Erst gegen Ende des 18. Jhs. begann im Herzogtum Sachsen-Weimar zaghaft der Kartoffelanbau. Aber rasch wurden die Erdäpfel zum Hauptnahrungsmittel. Die Vielfalt der Kartoffelsuppen zeugt davon, dass die Menschen sehr einfallsreich waren, was die Verwendung des Nahrungsmittels anging. Sogar in den Hefekuchenteig knetet man gekochte und gequetschte Kartoffeln. Ein solcher Kartoffelkuchen – frisch muss er allerdings sein – ist eine Delikatesse.

In Weimars kleiner Altstadt sind auf engem Raum Cafés und Restaurants versammelt. Im Elephantenkeller am Markt saßen und sitzen seit Goethes Zeiten wohl alle namhaften Besucher Weimars.

CAFÉS

Kaffeehaus und Hofkonditorei: Hier kommen Leckermäuler auf ihre Kosten

Wer ein wenig von der alten Eleganz der Stadt sehen möchte, geht ins Restaurant Alt Weimar. Hier hängen historische Weimarbilder des Hoffotografen Louis Held (1851–1927), der 50 Jahre lang alle Prominenten und großen Ereignisse der Stadt ablichtete.

Thüringen ist ein Kuchenland. So ist es auch in Weimar durchaus üblich, bereits zum Frühstück süße Kuchen zu essen. Köstlich sind Mohn-, Quark- oder Pflaumenkuchen. Zwiebelkuchen schmeckt nur, wenn er frisch ist, und lauwarm sollte er noch sein.

In Weimar wird traditionell Bier getrunken, meist aus heimischen Brauereien, wie beispielsweise das Köstritzer. Wer zu viel gegessen hat, lässt sich einen Aromatique servieren, einen Magenbitter aus dem nahen Neudietendorf. Seit mehr als 170 Jahren wird er nach einer streng gehüteten Rezeptur in traditioneller Weise ohne fertige Essenzen und künstliche Aromastoffe hergestellt.

Weintrinker wählen gern Saale-Unstrut-Weine, die aus dem nördlichsten geschlossenen Weinbaugebiet Europas kommen. Die Weinregion, eine der kleinsten in Deutschland, erstreckt sich entlang der Saale und der Ilm von Bad Sulza im Thüringischen bis Weißenfels und entlang der Unstrut von Nebra bis Naumburg. Auch an Weimars Stadtrand wird – wie in früheren Zeiten – auf einer kleinen Fläche wieder Wein angebaut.

CAFÉS

CAFÉ AM HERDERPLATZ (U B3) (🗺 b3)
Im Café wird selbst gebacken, der Kuchen schmeckt vorzüglich. Und wenn Sie der kleine Hunger überfällt, bekommen Sie hier auch einen Imbiss. *Tgl. | Herderplatz 15 | Tel. 03643 81 46 74 | www.rose-weimar.de*

DOLOMITI (U B4) (🗺 b4)
Naschkatzen haben hier eine schwere Wahl: Zwischen sensationellen 36 Eissorten müssen sie sich entscheiden. Außerdem finden Sie hier eine große Vielfalt an Kuchen und Snacks. *Tgl. | Markt 3 | Tel. 03643 50 44 58 | www.dolomiti-weimar.de*

EISCAFÉ VENEZIA (U A4) (🗺 a4)
Auf der großen Terrasse sitzen Sie mit Blick auf das Goethe-Schiller-Denkmal. Das original italienische Eis gehört zum besten in der Stadt. Probieren sollten Sie unbedingt das **INSIDER TIPP** Zimteis, das sonst selten angeboten wird. *Tgl. | Theaterplatz 1 | Tel. 0173 5 97 53 42*

FRAUENTOR ★ ● (U A4) (🗺 a4)
Wer die Wahl hat, hat die Qual: In der hauseigenen Konditorei werden jeden Tag bis zu 18 Sorten Kuchen und Torten gebacken. Besonders köstlich ist die **INSIDER TIPP** Aprikosentarte. Wenn Sie

einen Tisch im Freien ergattern, haben Sie viel zu schauen, denn jeder, der vom Markt zum Goethe- oder Schillerhaus möchte, kommt hier vorbei. *Tgl. | Schillerstr. 2 | Tel. 03643 511322 | www.cafe-frauentor.de*

KAFFEEHAUS UND HOFKONDITOREI
(U A3) (*b a3*)

Das Kaffeehaus ist ein Dorado für alle Genießer. Die angebotenen Torten kommen aus eigener Herstellung. Dazu schmeckt eine der Kaffeespezialitäten. *Tgl. | Goetheplatz 2 | im Hotel Russischer Hof | Tel. 03643 7740*

RESTAURANTS €€€

BETTINA VON ARNIM (U B5) (*b b5*)

Das kleine, feine Restaurant mit Blick zum Goethehaus ist benannt nach der berühmten Schriftstellerin und Zeitgenossin Goethes. Die Küche ist kreativ und frisch, sie stellt auch höchste Ansprüche zufrieden. Zu jedem Hauptgericht empfiehlt Ihnen die Karte einen guten Tropfen aus dem großen Weinangebot. *Tgl. | Beethovenplatz 1/2 | im Hotel Dorint am Goethepark | Tel. 03643 872660*

RESTAURANT CHARLOTTE
(U B5) (*b b5*)

Die sachliche Möblierung in Weiß steht im Kontrast zu dem historischen Gewölbe. Serviert wird eine gehobene leichte Küche. In die Gerichte kommen frische, jahreszeittypische Produkte aus der Region. *Mo geschl. | Seifengasse 16 | Tel. 03643 489320 | www.restaurant-charlotte.de*

ZUM WEISSEN SCHWAN ★
(U B5) (*b b5*)

Seit über 450 Jahren wird hier Gastlichkeit gepflegt. Bereits Goethe ging im Weißen Schwan ein und aus. Sein Lieblingsgericht steht natürlich auf der Karte: gekochtes Rindfleisch mit Frankfurter grüner Sauce, Dillkartoffeln und Rote-Bete-Salat. *Mai–Sept. Mo, Okt.–April So/Mo geschl. | Frauentorstr. 23 | Tel. 03643 908751 | www.weisserschwan.de*

★ Frauentor
Dieses Café ist ein absolutes Muss für alle Schleckermäuler: Die Auswahl an verführerischen Kuchen und Torten ist unübertroffen → S. 60

★ Zum weißen Schwan
In dem traditionsreichen Haus kehrte schon Goethe mit seinen Gästen ein → S. 61

★ Anna Amalia
Thüringens bester Küchenchef ist ein Italiener. Seine überraschenden Kreationen sind echte Gaumenfreuden → S. 62

★ Le Goullon
Kulinarische Zeitreise: Hier werden Gerichte nach Rezepten aus der Goethezeit zubereitet → S. 62

★ Gastmahl des Meeres
Seit Jahrzehnten genießt das Fischspezialitätenrestaurant mit seiner großen Vielfalt an frischen Gerichten einen guten Ruf → S. 63

★ ACC-Café-Restaurant
Der Szenetreff ist bei einheimischen Politikern und Künstlern genauso beliebt wie bei Touristen → S. 63

MARCO POLO HIGHLIGHTS

Das Restaurant Anno 1900 trägt die Tradition schon im Namen

RESTAURANTS €€

ANNO 1900 (U A3) (*a3*)

Alte Wintergartentraditionen aus der Zeit um 1900 leben in dem Café-Restaurant wieder auf. Genießen Sie das historische Ambiente, im Sommer auch im großen Biergarten. Die Küche ist frisch und kreativ, alle Hauptgerichte werden auch als Vorspeisenportion gereicht. Am Wochenende Klaviermusik live. *Tgl. | Geleitstr. 12a | Tel. 03643 90 35 71 | www. anno1900-weimar.de*

BISTRÔT FRANÇAIS ● (U A1) (*a1*)

Ein Stück französische Lebensart können Sie neben dem Neuen Museum genießen. Die Chefin kommt aus Frankreich und hat ihre Küche mitgebracht. Sie bietet Elsässer Flammkuchen und drei Tagesgerichte zur Auswahl an, am Abend gibt es ein typisch französisches Dreigangmenü. *So–Di geschl. | Weimarplatz 5 | Tel. 0173 5 81 14 21*

GOURMETTEMPEL

Alt-Weimar (114 B5) (*H5*)

Hier traf und trifft sich gern die Weimarer Kunstszene. Das stilvolle, renommierte Lokal serviert eine feine Küche. Der Service lässt keine Wünsche offen. *Tgl. | Prellerstr. 2 | im Hotel Alt Weimar | Tel. 03643 8 61 90 | www.alt-weimar.de*

Anastasia (U A3) (*a3*)

Das Restaurant ist elegant eingerichtet Den Gast erwartet eine klassisch-internationale Gourmetküche mit tollen Einfällen des Chefkochs Andreas Scholz. *Mo geschl. | Goetheplatz 2 | im Hotel Russischer Hof | Tel. 03643 77 40 | www. russischerhof.com*

Anna Amalia ⭐ (U B4) (*b4*)

Thüringens einziger Sternekoch, der Italiener Marcello Fabbri, überrascht seine Gäste immer wieder. Es empfiehlt sich, einen Tisch zu reservieren. *So/Mo geschl. | Markt 19 | im Hotel Elephant | Tel. 03643 80 26 39*

Le Goullon ⭐ (119 D2) (*J1*)

Wolfgang Heikel entführt seine Gäste in die Vergangenheit. Der Küchenchef verwöhnt Sie mit „Historischen Tafelfreuden" aus der Goethezeit. *Tgl. | Dorotheenhof 1 | im Romantikhotel Dorotheenhof | Ortsteil Schöndorf | Tel. 03643 45 90 | www.dorotheenhof.com*

DAL PESCATORE (U B3) (🗺 b3)

Emanuele Bertagnolli kocht eine bodenständige, neu interpretierte italienischmediterrane Küche. Die frischen saisonalen Zutaten lässt er sich zum größten Teil aus seiner Heimat liefern. Beliebt sind die INSIDER TIPP Kochkurse mit dem Küchenchef. *So geschl. | Jakobstr. 5–7 | Tel. 03643 4 62 88 35 | www.dalpescatore.de*

ELEPHANTENKELLER (U B4) (🗺 b4)

Das Restaurant befindet sich im historischen Kellergewölbe des Hotels Elephant. In der rustikalen Atmosphäre zu speisen, ist ein großes Vergnügen. Die Einrichtung passt zum Angebot auf der Karte: Sie bekommen hier bodenständige regionale Küche, wie z. B. Rinderroulade mit Thüringer Klößen. *So/Mi geschl. | Markt 19 | im Hotel Elephant | Tel. 03643 80 26 66*

GASTMAHL DES MEERES ⭐

(U B3) (🗺 b3)

Das Speisenangebot umfasst Fisch in allen Variationen. Zumeist kommt er frisch aus den Gewässern Thüringens. Von Oktober bis März gibt es Karpfengerichte. Im Sommer wird im Garten unter einer großen Kastanie serviert. *Tgl. | Herderplatz 16 | Tel. 03643 90 12 00 | www.fischrestaurant-weimar.de*

OSTERIA CHRISTHO (U A4) (🗺 a4)

Hier gibt's Prosecco und hausgemachte Pasta: Die Osteria ist ein familiär geführtes Restaurant mit hellem, mediterranem Ambiente. Auf der Speisekarte stehen feine Gerichte der norditalienischen Küche. *Tgl. | Hegelstr. 1 | Tel. 03643 80 83 43 | www.osteriachristho.de*

SCHARFE ECKE (U B3) (🗺 b3)

Die Scharfe Ecke ist ein traditionsreiches, schlichtes Gasthaus mit guter Thüringer Küche. Die Kloßmarie vor der Tür verrät,

welche Spezialität Sie erwartet: Hier werden Thüringer Klöße serviert, hergestellt aus rohen Kartoffeln in INSIDER TIPP echter Handarbeit. Wenn Hochbetrieb herrscht, hilft die ganze Familie mit. *Mo/ Di geschl. | Eisfeld 2 | Tel. 03643 20 24 30*

RESTAURANTS €

ACC-CAFÉ-RESTAURANT ⭐

(U B4) (🗺 b4)

Künstler, Banker und Politiker sitzen hier gemütlich und ungezwungen mit Touristen bei Wein, Bier, Kaffee und gutem Essen beieinander. Die Karte wechselt wöchentlich, zusätzlich gibt es jeden Tag ein preiswertes Tagesgericht. *Tgl. | Burgplatz 1 | Tel. 03643 85 11 61 | www.acc-cafe.de*

LOW BUDG€T

▶ Schlemmen muss nicht teuer sein: Alle Schnitzelgerichte im *Kartoffelhaus* (U A2) (🗺 a2) kosten am Mittwoch nur 8,50 Euro. *Mo geschl. | Rollplatz 9 | Tel. 03643 77 23 37 | www.kartoffelhaus-weimar.de*

▶ Für den kleinen Hunger genau das Richtige bekommt man in der *Suppenbar Estragon* (U B3) (🗺 b3). Von 2,80 bis 5,30 Euro stehen mehrere Tagessuppen mit und ohne Fleisch in drei verschiedenen Suppentassengrößen zur Auswahl. *Tgl. | Herderplatz 3 | Tel. 03643 90 85 99 | www. estragon-suppenbar.de*

▶ Im Restaurant des *Hotels Zur Sonne* (U A2) (🗺 a2) wird von Montag bis Freitag für 5 Euro ein preiswertes Mittagsgericht serviert. *Tgl. | Rollplatz 2 | Tel. 03643 8 62 90*

SPEZIALITÄTEN

▶ **Eisbein in Meerrettichsauce** – in Brühe gekochte Schweinehaxe, die mit Sauerkraut und Kartoffeln auf den Tisch kommt

▶ **Hefeklöße mit Heidelbeeren** – aus einem süßen Hefeteig geformte Klöße, die über Wasserdampf gegart werden. Dazu: heiße Heidelbeeren, anderes Obst oder Vanillesauce

▶ **Rostbrätl** – eine kräftig mit Salz, Pfeffer und Kümmel gewürzte Schweinekammscheibe. Das mit Zwiebelscheiben in Bier eingelegte Fleisch wird auf dem Holzkohlenrost gegrillt

▶ **Sauerbraten** – In einer Marinade eingelegtes Rinderschmorfleisch wird mit einer aus Saucenlebkuchen sämig gebundenen Sauce serviert. Dazu gibt es Apfelrotkohl und Thüringer Klöße

▶ **Schichtkraut** – Gewürztes Hackfleisch und angebratenes Weißkraut werden in einer Auflaufform im Ofen gebacken. Als Beilage werden Pell- oder Salzkartoffeln gereicht

▶ **Speckkuchen** – Auf den mit Salz und Paprikapulver zubereiteten Hefeteig kommt angebratener, klein geschnittener Speck, der mit Kümmel bestreut wird. Der Kuchen wird nach dem Backen sofort serviert

▶ **Thüringer Klöße** – Sie bestehen meist zu zwei Dritteln aus rohen und zu einem Drittel aus gekochten Kartoffeln. In der Mitte stecken geröstete Semmelwürfel. Die faustgroßen Klöße lässt man in siedendem Salzwasser ziehen, bis sie gar sind (Foto li.)

▶ **Topfbraten** – Schweineschnauze, -ohren, -herz und -nieren, klein geschnitten und mit Gewürzen gekocht. Die Sauce erhält ihren Geschmack durch die Beigabe von zerkrümeltem Schwarzbrot oder Lebkuchen sowie sauren Gurken

▶ **Zwiebelkuchen** – Der Belag auf dem Hefeteig besteht aus fein geschnittenen, in ausgebratenem Speck gedünsteten Zwiebelringen. Am besten schmeckt der Kuchen, wenn er noch lauwarm serviert wird (Foto re.)

ALTWEIMARSCHE BIERSTUBE ZUM GOETHEBRUNNEN (U A5) (🏛 a5)

Hier geht es einfach und schlicht zu. Es gibt deftige und **INSIDER TIPP** preiswerte Hausmannskost. Genau deswegen ist das Lokal aber immer gut besucht. *Tgl. | Frauenplan 13 | Tel. 03643 90 22 26*

CRÊPERIE DU PALAIS (U A4) (🏛 a4)

Ob herzhafte Galettes aus Buchweizenmehl oder süße Crêpes – hier werden die bretonischen Köstlichkeiten nach Originalrezepten zubereitet. Dazu passend gibt es verschiedene französische Weine und gleich mehrere Sorten Cidre. *Tgl. | Am Palais 1 | Tel. 03643 40 15 81 | www.creperie-weimar.de*

FELSENKELLER (114 A6) (🏛 G6)

Uriges Restaurant mit eigener Brauerei am Rand der Innenstadt. Sie sitzen direkt neben den Braukesseln und genießen das hausgebraute Bier sowie deftige Thüringer Küche, in der Thüringer Klöße natürlich nicht fehlen. Die Spezialität: Braumeisterpfanne Felsenkeller. *Mo geschl. | Humboldtstr. 37 | Tel. 03643 41 47 41 | www.felsenkeller-weimar.de*

RESIDENZ-CAFÉ (U B4) (🏛 b4)

Das „Resi" ist das älteste Kaffeehaus der Stadt und gehört zu Weimar wie Goethes Wohnhaus. Die kulinarische Palette umfasst ein umfangreiches Frühstücksangebot sowie kleine Snacks, Kuchen, Pasta und Thüringer Klassiker. *Tgl. | Grüner Markt 4 | Tel. 03643 5 94 08 | www.residenz-cafe.de*

SOMMERS WEINSTUBEN (U A5) (🏛 a5)

Ein wahrer Genuss sind der ofenwarme Zwiebelkuchen, die Heldrunger Zwiebelsuppe und das Rostbrätl. Auch Saale-Unstrut-Weine gibt es in den gemütlichen historischen Weinstuben. Die begehrtesten Plätze befinden sich am Kachelofen. *So geschl. | Humboldtstr. 2 | Tel. 03643 40 06 91 | www.wein-sommer.com*

ZUM ZWIEBEL (U B3) (🏛 b3)

Hier wird nach Originalrezepten aus Großmutters Zeiten gekocht. Auf der Karte stehen z. B. Thüringer Bratwürste, Sauerbraten, Wild und Geflügel mit Thüringer Klößen. *Tgl. | Teichgasse 6 | Tel. 03643 50 23 75 | www.zum-zwiebel.de*

Die Einheimischen nennen es „Resi" – das Residenz-Café ist eine Weimarer Institution

EINKAUFEN

Klein und eher bescheiden, dafür mit kurzen Wegen – so lässt sich das Einkaufsangebot in der Stadt beschreiben. Es gibt keine Filialen großer Ketten, keine riesigen Einkaufscenter, dafür aber kleine Läden und Boutiquen, Geschäfte für Spezialitäten, Kunsthandwerk und Design sowie Galerien, in denen Sie mit Sicherheit so manches nette Mitbringsel entdecken werden.

Rund um die Schillerstraße, die ein eher bescheidenes Dasein fristet, sollten Sie unbedingt einen Blick in die Seitenstraßen und -gassen werfen. Dort warten die meisten kleinen Geschäfte darauf, von Ihnen entdeckt zu werden. In der *Marktstraße* gibt es gleich mehrere Kunsthandwerksbetriebe. Im Shoppingcenter ● *Atrium*, das am ehemaligen Gauforum liegt, finden Sie auf drei Etagen Geschäfte und Gastronomie. Außerdem gibt es hier ein Kino, ein Fitnessstudio und eine Bowlinganlage sowie eine Zweigstelle der Weimarer Tourist-Information. Das *Goethe*- und das *Schiller-Kaufhaus* runden mit einem bunten Verkaufsmix das Angebot ab. Hilfreich bei der Orientierung ist die Website *www.weimarer-qualitaetsroute.de*.

Zum typischen Souvenir aus Weimar ist das Ginkgoblatt avanciert. Alle Juweliere der Stadt bieten es an, in Gold oder in Silber, als Brosche oder Ohrschmuck, groß oder klein. Ein Gedicht erhalten Sie gratis dazu: Goethe widmete es der Pflanze 1815. Die Werke der Klassiker und jede Menge Literatur über die Stadt dürfen natürlich in keinem Buchladen

---

Bild: Schmuck mit Ginkgoblättern

Kleine Geschäfte statt großer Namen:
In Weimars Läden finden Sie cooles Design,
stilvolle Accessoires und kreative Modeideen

fehlen. Aber wie wäre es mit diesem originellen Geschenk: Handpuppen mit nachgebildetem Goethe- oder Schiller-kopf? Sie sollen inzwischen beliebter sein als Repliken, Gipsabdrücke oder Goethe und Schiller aus Alabaster, die Sie im Museumsladen der Klassik-Stiftung kaufen können. Schöne Mitbringsel sind schließlich auch die vielen regionalen Erzeugnisse wie Weimar-Porzellan aus dem nahen Blankenhain, Bürgeler Keramik, Thüringer Wurst und Wein aus der Saale-Unstrut-Region.

KUNSTHANDWERK

MOCCAROT KERAMIKATELIER
(U B4) *(∅ b4)*
Schlichtes klares Design und warme Farben zeichnen die Keramiken von Bettina Jörgensen aus. Die Künstlerin liebt Tiermotive. *Marktstr. 15 | www.moccarot.de*

UNIKAT-EINLADEN (U B4) *(∅ b4)*
Wer das Besondere sucht, ist hier genau richtig. Der Laden verkauft u. a. Textilien und Schönes aus Glas und Leder. Die

Künstler und Kunsthandwerker geben Ihnen gern einen Einblick in ihre Arbeit. *Marktstr. 5 | www.unikat-einladen.de*

MARKT

WOCHENMARKT ★ (U B4) (*ᗰ b4*)

Händler bieten auf dem Marktplatz zwischen Rathaus und Cranachhaus Obst und Gemüse, Blumen und Keramik an. Sind Sie noch auf der Suche nach einem hübschen Souvenir? Dann werden Sie hier fündig. Im Herbst verkaufen die Händler auf dem Wochenmarkt die beliebten Zwiebelzöpfe. Stärken können Sie sich an einem der Rostbratwurststände. *Mo–Fr 8–17, Sa 8–14 Uhr*

MODE

CARA APFELKERN (U B4) (*ᗰ b4*)

Individuelle Mode, Accessoires und Design: Kleider für den Alltag sind hier ebenso zu haben wie ein Hochzeitsdress und alles was dazugehört. *Kaufstr. 7 | www.cara-apfelkern.com*

LIEBLINGSSTÜCKE WEIMAR (U B3) (*ᗰ b3*)

Mit Sicherheit finden Sie hier das eine oder andere Lieblingsstück. Das Bekleidungsangebot umfasst verschiedene Marken und Designer, außerdem können Sie Schmuck von Pilgrim kaufen. *Vorwerksgasse 9 | www.lieblingsstuecke-weimar.de*

SCHIRMFACHGESCHÄFT (U B4) (*ᗰ b4*)

Anneliese Pennewitz verkauft hochwertige Schirme in großer Auswahl. Im ersten Stock hat sie ein originelles ● *Schirmmuseum* eingerichtet *(Eintritt frei)*, wo Schirme aus dem Rokoko und Biedermeier, sogenannte Knicker, Regen- und Sonnenschirme, Puppenschirme und Knirpse zu sehen sind. Das älteste Exemplar ist 250 Jahre alt. *Rittergasse 19*

TWH DESIGN (U A3) (*ᗰ a3*)

Leder, LKW-Plane, Filz und Textilien – das sind die Materialien, aus denen Designerin Petra Hermann INSIDER TIPP ausgefallene Taschen produziert. Und die finden Sie mit Sicherheit nur hier. *Geleitstr. 15 | www.twh-weimar.de*

ÖKOLOGISCHE PRODUKTE

BIOLADEN ROSMARIN ♻ (U B3) (*ᗰ b3*)

Hier gibt es ein umfangreiches Angebot an regionalen Bioprodukten: Wurst und Fleisch kommen vom Naturerlebnishof Hausen bei Arnstadt, Salat und Gemüse aus der Gemüsewerkstatt Grünschnabel bei Gotha, Kräuter aus der Gärtnerei Stiftung Finneck bei Rastenberg. *Herderplatz 3 | www.bioladen-rosmarin.de*

LOW BUDGET

▶ Mehr als 10 000 Stück Weimarporzellan stehen im Werksverkauf in Blankenhain **(119 D4)** (*ᗰ 0*) bereit. Darunter sind auch Gegenstände mit kaum erkennbaren Fehlern, die besonders preiswert zu haben sind. *Weimar-Porzellan | Christian-Speck-Str. 5 | Blankenhain | www.weimarporzellan.de*

▶ So köstlich: Nougat und Marzipan, Mint- und Zitronenkissen, Fruchtschnitten und viele andere Süßigkeiten – diese Leckereien gibt es zum Werksverkaufspreis bei *Viba sweets* **(U B3)** (*ᗰ b3*). *Kaufstr. 17 | www.viba-sweets.de*

SCHMUCK

RING WEIMAR (U A4) (🗺 a4)

Goldschmiedin Sybille Richter bietet eine große Auswahl an individuellen und künstlerischen Schmuckstücken und Ringen an. Regelmäßig finden Ausstellungen mit Schmuck aus aller Welt statt. *Windischenstr. 19 | www.ring-weimar.de*

WERKSTATTGALERIE VIVIEN SÄNGER (U B4) (🗺 b4)

Die Goldschmiedemeisterin arbeitet im Laden und fertigt individuellen Gold- und Silberschmuck. Sie können auch ausgewählte Modelle der Weimarer Designerin Dagmar Winter kaufen. *Marktstr. 11*

SPEZIALITÄTEN

INSIDER TIPP CAFÉLADEN (U A3) (🗺 a3)

Der Duft weist dem Genießer den Weg: Hier bekommen Sie sortenreine Kaffees in ausgesuchter Spitzenqualität aus allen Regionen der Welt sowie Zubehör. Zum Probieren lädt die Kaffeebar ein. *Karlstr. 8 | www.cafeladen-weimar.de*

KAFFEERÖSTEREI (U B3) (🗺 b3)

27 Kaffeesorten und viele Geschenkartikel rund um den Kaffee, Accessoires für kreatives Wohnen. Im Obergeschoss kleines Café, oft Livemusik, Lesungen und Kleinkunst. *Herderplatz 9 | www.die-weimarer-kaffeeroesterei.de*

THÜRINGER SPEZIALITÄTENMARKT ★ (U B4) (🗺 b4)

Ob Wurst oder Bier, Konfitüre oder Senf – hier gibt es ausschließlich Thüringisches. Mehr als 500 traditionsreiche Produkte aus der Region sind im Angebot. Der Clou: Sie können auch ganze INSIDER TIPP Geschenkkisten kaufen. *Kaufstr. 9–11 | www.thueringer-spezialitaeten.de*

Die Kaffeerösterei ist eine Fundgrube für Liebhaber des edlen Getränks

★ **Wochenmarkt**
Hier macht einkaufen richtig Spaß. Neben Obst und Gemüse gibt es auch Zwiebelzöpfe und Kunsthandwerk – und zur Stärkung die berühmten Rostbratwürste
→ S. 68

★ **Thüringer Spezialitätenmarkt**
Der Markt ist der beste Ort, um authentische Mitbringsel zu kaufen. Hier finden Sie echte Thüringer Produkte in einer großen Auswahl
→ S. 69

MARCO POLO HIGHLIGHTS

AM ABEND

Klassisch und modern, verrückt und gediegen: Weimars Veranstaltungskalender ist prall gefüllt, wie man es von einer Stadt dieser Größenordnung nicht erwartet.

Ein Besuch im traditionsreichen Deutschen Nationaltheater ist ein absolutes Muss. Seit Goethes Zeiten begeistert das Haus mit vielbeachteten Inszenierungen. Mit rund 600 Veranstaltungen im Jahr prägt es das kulturelle Leben. Die Theaterszene bietet aber auch ungewöhnliche Aufführungsorte, an denen Unkonventionelles, Junges und Modernes gespielt wird. Kleinkunstbühnen, Kabarett und Programmkinos sorgen für Vielfalt. In den Studentenclubs sind die „reiferen Jahrgänge" gern gesehene Gäste. Den obligatorischen Absacker können Sie sowohl in der urigen Kneipe als auch in der gediegenen Hotelbar zu sich nehmen.

BARS & KNEIPEN

HIBRIDO-LOUNGE (U B4) (🗺 b4)
Gute Cocktails und romantische Stimmung: Die Lounge ist der richtige Ort für einen Drink zum Abschluss eines ereignisreichen Tages. *Obere Schlossgasse 1 | Tel. 03643 74 99 30*

LOFT TAPAS UND MEER
(114 B3) (🗺 H3)
Hier bekommen Sie exzellente Cocktails und spanische Spezialitäten wie Tapas und Tortillas. *Happy Hour tgl. bis 19.30 Uhr | Carl-August–Allee 12 | Tel. 03643 77 64 37*

Bild: Studentenclub Kasseturm

Theater und Konzerte, Kabarett und Kneipen, Programmkinos und Studentenclubs – in der kleinen Stadt Weimar ist eine Menge los

PLAN BAR (U B2) *(🗺 b2)*
Musik- und Cocktailbar, Bistro mit appetitlichen Kleinigkeiten, täglich Musik vom Plattenteller. *Jakobsplan 6 | Tel. 03643 50 27 85 | www.planbar-we.de*

SMUGGLER'S IRISH PUB (U B1) *(🗺 b1)*
Es gibt eine große Auswahl an Bier und Whiskey, dafür aber nur ein kleines Speisenangebot. Musik von der Insel, ab und zu wird auch live gespielt. *Friedrich-Ebert-Str. 2 | Tel. 03643 5115 93 | www. smugglers-pub.de*

ZUM FALKEN (114 A5) *(🗺 G5)*
Wer möchte, nimmt sich eines der an den Wänden hängenden Instrumente und spielt zur Unterhaltung auf. Jeden Dienstag Livemusik. *Trierer Str. 7 | Tel. 03643 50 55 66 |*

DISKOTHEKEN & LIVEMUSIK

SC SCHÜTZENGASSE (U A4) *(🗺 a4)*
Studentenclub mit Diskothek, Livemusik, Kleinkunst und Vorträgen. Nach 22 Uhr heißt es vielfach: „Wegen Überfüllung

geschlossen". *Schützengasse 2 | Tel. 03643 90 43 23 | www.schuetzengasse.de*

STUDENTENCLUB KASSETURM
(U A3) (📍 *a3*)

Dienstag und Mittwoch sowie Freitag und Samstag findet Disko, Montag, Dienstag und Donnerstag eine gemütliche Bierrunde statt. Montag ist Kinotag. Wer es leise und besinnlich mag, setzt sich in die Weinstube. *Goetheplatz 10 | Tel. 03643 85 16 70 | www.kasseturm.de*

KINO

KINO IM „MON AMI" (U A3) (📍 *a3*)
69 Sitzplätze hat das moderne Clubkino im Kellergeschoss des Jugend- und Kulturzentrums. Hier wird tief in die Filmkiste gegriffen. *Goetheplatz 11 | Tel. 03643 84 77 45 | www.monami-weimar.de*

LOW BUDG€T

▶ Während der Happy Hour im *Havana Club* **(U B4)** (📍 *b4*), täglich von 18–20 Uhr, jeder Cocktail kostet dann nur 3,50 Euro. Donnerstag ist Cuba-Libre-Tag: 3,50 Euro pro Getränk. *Tgl. ab 18 Uhr | Burgplatz 2, Eingang Schlossgasse | Tel. 03643 80 57 80 | www.havanaclub-weimar.de*

▶ Im *Festsaal des Fürstenhauses* **(U B4)** (📍 *b4*) *(Hochschule für Musik, Platz der Demokratie 2)* im *Saal am Palais* **(U A4)** (📍 *a4*) *(Am Palais 4)* und im *Liszt-Salon* der Altenburg **(U C3)** (📍 *c3*) *(Jenaer Str. 3)* geben Studierende der Hochschule für Musik „Franz Liszt" regelmäßig ● Konzerte. Der Eintritt zu den Aufführungen ist frei. *www.hfm-weimar.de*

INSIDER TIPP ▶ **LICHTHAUS-KINO**
(U B–C1) (📍 *b–c1*)

Im ehemaligen Straßenbahndepot neben dem E-Werk befindet sich das unkonventionelle Programmkino. Zu sehen sind anspruchsvolle Filme, im Sommer auch unter freiem Himmel. Im Juni findet das Backup-Festival mit experimentellen Kurzfilmen und Videos statt. *Am Kirschberg 4 | www.lichthaus.info*

KLEINKUNST

ACC (U B4) (📍 *b4*)
Als Ausstellungsplattform für zeitgenössische Künstler bekannt, bietet das Kulturzentrum auch ein abwechslungsreiches Programm mit verschiedenen Veranstaltungsreihen, Theateraufführungen und Jazz-Sessions. *Burgplatz 1–2 | Tel. 03643 85 12 61 | www.acc-weimar.de*

KABARETT SINNFLUT (U A4) (📍 *a4*)
Hier kommen politisch-satirische Programme zu aktuellen Themen und Kabarettklassiker auf die Bühne. *Theaterplatz 2a | Tel. 03643 77 93 86 | www.kabarett-sinnflut.de*

MON AMI (U A3) (📍 *a3*)
Das Kulturzentrum überrascht mit Kleinkunstveranstaltungen unterschiedlicher Genres: Besuchen Sie Konzerte, Bälle, Tanz, Theater, Comedy und Partys. *Goetheplatz 11 | Tel. 03643 84 77 45 | www.monami-weimar.de*

PALAIS SCHARDT (U A3) (📍 *a3*)
Es gibt verschiedene Musik-, Theater- und Literaturprogramme. Ein besonderes Erlebnis ist das Lustwandeln bei Kerzenschein an diesem historischem Ort – in Festsaal, Goethepavillon, Duftgarten und Sommersalon des Geburtshauses der Charlotte von Stein. *Scherfgasse 3 | Tel. 03643 90 22 79 | www.goethepavillon.de*

THEATER & KONZERTE

CONGRESS-CENTRUM NEUE WEIMARHALLE (U A2) (⑳ a2)

Der besseren Akustik wegen finden die Sinfoniekonzerte der traditionsreichen Weimarer Staatskapelle in der Weimarhalle statt. Außerdem werden hier Rock-, Pop- und Volksmusikkonzerte, Lesungen, Vorträge und andere Veranstaltungen abgehalten. *Unescoplatz 1 | Tel. 03643 74 51 00 | www.weimarhalle.de*

DEUTSCHES NATIONALTHEATER ★ ● (U A4) (⑳ a4)

Das Dreispartenhaus – Musik, Theater, Tanz – zeigt sich in seinem Repertoire seiner großen klassischen Tradition verpflichtet, auf dem Spielplan stehen aber auch moderne Inszenierungen. Das Angebot reicht vom Schauspiel über Oper und Operette, Musical und Ballett bis hin zu Kindertheater. *Theaterplatz | telefonischer Kartenservice 03643 75 53 34 | Besucherservice Tel. 03643 75 53 03 | www. nationaltheater-weimar.de | Ticket-Service Tourist-Information Tel. 03643 74 50*

Vielseitige Spielstätte: Deutsches Nationaltheater

E-WERK ★ (U B–C1) (⑳ b–c1)

Die Spielstätte des Deutschen Nationaltheaters im ehemaligen Elektrizitätswerk ist besonders bei der jüngeren Generation beliebt. Junge Regisseure und Choreographen finden einen alternativen Spielraum für unkonventionelle Projekte. *Am Kirschberg 7 | Abendkasse Tel. 03643 74 89 00*

GALLI-THEATER (U B4) (⑳ b4)

In dem privaten Theater werden unterhaltsame heiter-frivole Stücke, Komödien, Märchen oder Shows von Einzelkünstlern für Erwachsene und Kinder geboten. *Im Restaurant Shakespeares, Windischenstr. 4–6 | Tel. 03643 77 82 51 | www.galli.de*

INSIDER TIPP THEATER IM GEWÖLBE (U B4) (⑳ b4)

Im sogenannten Cranach-Gewölbe finden nur etwa 60 Zuschauer Platz. Sie erwartet ein abwechslungsreiches Programm, das vor allem das Leben und Schaffen Goethes und Schillers thematisiert. *Markt 11 | Tel. 03643 77 73 77 | www. theater-im-gewoelbe.de*

MARCO POLO HIGHLIGHTS

★ **Deutsches Nationaltheater**
Für kulturell interessierte Weimarbesucher führt an diesem Haus kein Weg vorbei → S. 73

★ **E-Werk**
Das ehemalige Elektrizitätswerk ist ein besonderer Aufführungsort für junge Kultur → S. 73

ÜBERNACHTEN

In Weimar lässt es sich gut schlafen: Die Hotellerie der thüringischen Stadt ist eine der modernsten in ganz Deutschland.

Vom Luxushotel bis zur einfachen Herberge: Insgesamt rund 3700 Betten halten die Hotels der Stadt bereit. Mit ihnen konkurrieren etwa 100 Privatvermieter mit 250 Zimmern, bei denen Sie oft günstig und gut übernachten können. Hotelzimmer und private Zimmer vermittelt die Tourist-Information. Außerdem finden Sie in Weimar vier Jugendherbergen mit insgesamt 480 Betten sowie zwei Hostels mit zusammen 22 Mehrbettzimmern.

Eines der Weimarer Hotels brachte es sogar zu internationalem Ruhm. Durch Thomas Mann hielt der „Elephant" Einzug in die Weltliteratur. In seinem Roman „Lotte in Weimar" machte Mann das traditionsreiche Haus am Markt zum Schauplatz. Er schildert, wie Charlotte Kestner nach Weimar kommt, um nach Jahrzehnten Goethe noch einmal zu sehen.

Das geschichtsträchtigste Zimmer des Hotels Elephant ist Zimmer 100. Viele bekannte Personen haben sich im Lauf der Zeit hier einquartiert, u. a. Franz Grillparzer, Leo Tolstoi, Friedrich Hebbel und Richard Wagner. Auch Adolf Hitler wohnte in dem Zimmer. Dem jedoch sagte das Hotel nicht zu, es war ihm zu klein. Er ließ es deshalb 1937 abreißen und neu aufbauen, um dann in der Suite 100 zu übernachten. Diesen unrühmlichen Teil der Hotelgeschichte mochte man später nicht übertünchen. Aber wie damit

Bild: Junior Suite im Best Western Premier Grand Hotel Russischer Hof

Hotels für jeden Anspruch: Von der Suite im legendären Hotel Elephant bis zur Jugendherberge reicht Weimars Bettenangebot

umgehen? Der Hoteldirektor beriet sich u. a. mit dem Leiter der KZ-Gedenkstätte Buchenwald. Das Ergebnis: Die Suite 100 gibt es noch heute, sie wurde entmystifiziert und heißt Lyonel-Feininger-Suite. Gewidmet ist sie damit dem berühmten Bauhauskünstler, der von 1919 bis 1925 in Weimar wirkte.

Berühmt ist aber auch das Hotel Russischer Hof. Jahrzehntelang war es der gesellschaftliche Mittelpunkt Weimars. Franz Liszt gründete hier 1854 den „Neu-Weimar-Verein", der das Kulturleben der Stadt unterstützte. Stammgäste des Hauses waren u. a. Clara und Robert Schumann, Richard Wagner und Theodor Storm, in der jüngeren Vergangenheit auch Michail Gorbatschow.

HOTELS €€€

ROMANTIK-HOTEL DOROTHEENHOF WEIMAR ⭐ (119 D2) *(✳ J1)*

Hier bleibt die Hektik der Stadt draußen: Am Stadtrand mitten im eigenen gepflegten Park ist das ehemalige Guts-

Früher wohnte in Schloss Ettersburg Herzogin Anna Amalia, heute flanieren Hotelgäste im Park

haus zum Hotel geworden. Wohltuend ist der ausgesprochen freundliche Service. *60 Zi. | Dorotheenhof 1 | Ortsteil Schöndorf | Tel. 03643 45 90 | www. dorotheenhof.com*

LOW BUDGET

▶ Unschlagbar günstig ist das *Etap-Hotel* **(118 C3)** *(M O)* in Nohra (4 km von Weimar entfernt): 29 Euro kostet das Doppelzimmer (2 Erwachsene und 1 Kind bis 12 Jahre), 6 Euro das Frühstück pro Person. *67 Zi. | Steinbrüchenstr. 5 | Tel. 03643 4 16 76 | www.etaphotel.com*

▶ Die Weimarer Hotels Am Frauenplan, Anna Amalia, Apart, Liszt Leonardo und Kaiserin Augusta beteiligen sich an der Aktion „Winterzeit zu zweit": Ein Doppelzimmer mit Frühstück kostet 66 Euro. *Gilt Nov.–März (außer Weihnachten und Neujahr) | www.thueringen-tourismus.de*

SCHLOSS ETTERSBURG (118 C2) *(M O)*
Wohnen Sie dort, wo einst Herzogin Anna Amalia die Sommer verbrachte! Die im zeitlosen, sachlichen Bauhausstil eingerichteten Zimmer bilden einen reizvollen Kontrast zum historischen Schlossambiente. Wunderschön ist der Landschaftspark. Das Hotel liegt 4 km nördlich von Weimar. *24 Zi., 4 App. | Am Schloss 1 | Ettersburg | Tel. 03643 7428418 | www.schlossettersburg.de*

HOTELS €€

ALT WEIMAR ⭐ (114 B5) *(M H5)*
Hier wohnen Sie auf geschichtsträchtigem Boden: Ende des 19. Jhs. lebte hier Rudolf Steiner, als Vater der Anthroposophie bekannt. Bauhauskünstler, Schauspieler und Musiker gingen ein und aus. Die Zimmer in dem klassizistischen Gebäude sind im Bauhausstil eingerichtet. *17 Zi. | Prellerstr. 2 | Tel. 03643 8 61 90 | www.alt-weimar.de*

AMALIENHOF (U A5) *(M a5)*
Stilvoll und elegant kommt das Haus daher: gusseisernes Biedermeier-

Eingangstor, Biedermeier-Lilien in Wand- und Fußbodengestaltung und in einigen Räumen antike Möbel. Jedes der Gästezimmer erzählt die Geschichte einer Weimarer Persönlichkeit. *32 Zi. | Amalienstr. 2 | Tel. 03643 54 90 | www.amalienhof-weimar.de*

ANNA AMALIA (U A3) (🗺 a3)

Angenehme, modern eingerichtete Zimmer, ideal zwischen Goethe- und Herderplatz gelegen. *51 Zi. | Geleitstr. 8–12 | Tel. 03643 4 95 60 | www.hotel-anna-amalia.de*

COMFORT HOTEL WEIMAR (119 D2) (🗺 H1)

Am nördlichen Stadtrand, gutes Preis-Leistungs-Verhältnis und gute Busverbindung ins Zentrum. *90 Zi. | Ernst-Busse-Str. 4 | Tel. 03643 45 50 | www.comfort-weimar.de*

KAISERIN AUGUSTA (114 B3) (🗺 H3)

Das Dreisterne-Superior-Hotel gegenüber dem Bahnhof blickt auf eine lange Hoteltradition zurück. Heute bietet es komfortable Zimmer und persönlichen Service. Bis ins Stadtzentrum sind es 10 Minuten zu Fuß. *134 Zi. | Carl-August-Allee 17 | Tel. 03643 23 40 | www.hotel-kaiserin-augusta.de*

LEONARDO HOTEL WEIMAR (116 A1) (🗺 J6)

Die sehr schöne Lage gegenüber dem Park an der Ilm entschädigt für den zehnminütigen Fußweg ins Stadtzentrum. Im Hotel befindet sich der *Wellness-Tempel Weimar*, in dem Sie mit klassischen und Wellnessmassagen sowie Beauty-behandlungen verwöhnt werden *(s. Kasten Entspannen & genießen im Kapitel Sehenswertes). 294 Zi. | Belvederer Allee 25 | Tel. 03643 7220 | www.leonardo-hotels.com*

PARK INN WEIMAR (119 D3) (🗺 0)

Neubau im 5 km von Weimar entfernten Stadtteil Legefeld. 600 m² großer Freizeitbereich mit Schwimmbad, Sauna und Dampfbad. *194 Zi. | Kastanienallee 1 | Tel. 03643 80 30 | www.tagungshotel-weimar.de*

VILLA HENTZEL (U B6) (🗺 b6)

In einer herrschaftlichen Stadtvilla laden individuell und geschmackvoll eingerichtete Zimmer zum Wohnen auf Zeit ein. Nur 5 Minuten zu Fuß sind es bis zur Altstadt und zum Ilmpark. *13 Zi. | Bauhausstr. 12 | Tel. 03643 8 65 80 | www.hotel-villa-hentzel.de*

HOTELS €

AM FRAUENPLAN ⭐ (U A4) (🗺 a4)

Im einstigen Palais der Gräfin von Bernstorff unweit des Goethehauses entstand

⭐ **Romantik-Hotel Dorotheenhof Weimar**
Freundliche Atmosphäre und ein herrliches Naturidyll am Stadtrand von Weimar → S. 75

⭐ **Alt Weimar**
Die klassische Moderne findet in den Zimmern ihre Fortführung → S. 76

⭐ **Am Frauenplan**
Genießen Sie modernen Komfort in Rufweite von Goethes Wohnhaus → S. 77

⭐ **Hotel Elephant**
Wer Thomas Manns Goethe-Roman „Lotte in Weimar" gelesen hat, dem ist dieses Hotel gewiss ein Begriff → S. 78

MARCO POLO HIGHLIGHTS

ein Hotel mit modernem Komfort. Die Zimmer sind nach bekannten mit Weimar verbundenen Persönlichkeiten benannt. *48 Zi. | Brauhausgasse 10 | Tel. 03643 4 94 40 | www.hotel-am-frauenplan.de*

INSIDER TIPP **KIPPERQUELLE** (116 C3) (∅ K7)
Die Gastgeber sind vor allem auf Fahrradtouristen eingerichtet, denn der Ilmradweg führt direkt an dem sanierten Landgasthof vorbei. Einige der Gartenzimmer verfügen über einen Balkon. Schloss Belvedere und der Park an der Ilm sind ganz in der Nähe. *11 Zi. | Kippergasse 20 | Tel. 03643 80 88 88 | www.kipperquelle-weimar.de*

ZUR SONNE (U A2) (∅ a2)
Hinter der denkmalgeschützten Fassade wohnen Sie in behaglich eingerichteten Zimmern mitten im Stadtzentrum. *21 Zi. | Rollplatz 2 | Tel. 03643 8 62 90 | www.thueringen.info/hotel-zur-sonne*

FERIENHÄUSER & APARTMENTS

FREIZEITPARK STAUSEE HOHENFELDEN (118 C4) (∅ 0)
Zwischen Weimar und Erfurt in idyllischer ruhiger Lage an einem kleinen Gewässer stehen modern ausgestattete Ferienhäuser in Holzbauweise. Es gibt ein großes Freizeitangebot: Sie können die Therme und ein Wildgehege besuchen, Rad und Boot fahren sowie klettern. *45 FH | Am Stausee Hohenfelden (15 km von Weimar entfernt) | Tel. 036450 4 20 81 | www.stausee-hohenfelden.de | €*

RESORT SCHLOSS AUERSTEDT (119 E1) (∅ 0)
Ländliche Idylle unweit Weimars: Im historischen Gemäuer von Schloss und Nebengebäuden sind avantgardistisch eingerichtete Apartments entstanden, die sich durch ein klares, helles Ambiente auszeichnen. Im Garten lockt

LUXUSHOTELS

Best Western Premier Grand Hotel Russischer Hof (U A3) (∅ a3)
In dem traditionsreichen Haus in der Innenstadt gingen schon Goethe, Liszt und Wagner ein und aus. Stilvoll-klassische Zimmer mit hochwertiger Ausstattung stehen in fünf Kategorien zur Verfügung. *126 Zi. | DZ ab 155 Euro | Goetheplatz 2 | Tel. 03643 77 40 | www.russischerhof.com*

Dorint am Goethepark (U B5) (∅ b5)
Zwischen Goethehaus und Ilmpark liegt dieses Hotel mit eleganten Zimmern und viel Kunst. Es gibt eine Badelandschaft mit Whirlpool, Grottenduschen

sowie einen Fitnessraum. Das in seiner Vielfalt und Qualität ausgezeichnete Frühstück soll – dem Anspruch nach – das beste in Weimar sein. *143 Zi. | DZ ab 125 Euro | Beethovenplatz 1/2 | Tel. 03643 87 20 | www.dorint.com/weimar*

Hotel Elephant ★ **(U B4) (∅ b4)**
Wie schon zu Goethes Zeiten quartiert sich hier ein, wer Rang und Namen hat. Thomas Mann verewigte das Haus im Buch „Lotte in Weimar". Vom Hotel aus sind fast alle Sehenswürdigkeiten zu Fuß bequem zu erreichen. *99 Zi. | DZ ab 149 Euro | Markt 19 | Tel. 03643 80 20 | www.hotelelephantweimar.com*

ein Naturwasserpool. *15 FW | Schlosshof Auerstedt | Tel. 03646192000 | www. toskanaworld.net |* €

JUGENDHERBERGE & HOSTEL

JUGENDGÄSTEHAUS „MAXIM GORKI"
(O) (🛏 H6)
Im südlichen Teil der Stadt gelegen und bei Gruppen, Familien und Einzelreisenden gleichermaßen beliebt. Kellerbar mit Diskothek. Für Übernachtungen ist ein Ausweis des Deutschen Jugendherbergswerks erforderlich. *60 Betten in vorwiegend familiengerechten Zi. | Zum Wilden Graben 12 | Tel. 03643 850750 | www.weimar-gorki.jugendherberge.de*

LABYRINTH HOSTEL (U A3) (🛏 a3)
Hier wohnen Sie in einfachen Drei- bis Achtbettzimmern, die in einem Labyrinth aus künstlerisch gestalteten Räumen und Fluren liegen. **INSIDER TIPP** Kaffee und Tee sind auf der Dachterrasse und in der Lounge gratis. *14 Zi. | Goetheplatz 6 | Tel. 03643 811822 | www.weimar-hostel.com*

PENSIONEN

AM KIRSCHBERG (U C1) (🛏 c1)
Gemütliche Zimmer warten in der Hotelpension am Stadtwald auf Gäste. Quasi vor der Haustür fließt die Ilm vorbei. Genießen Sie einen Spaziergang entlang des idyllischen Flussufers ins Zentrum oder bis nach Tiefurt. *Am Kirschberg 27 | Tel. 03643 871910 | www.hotel-pension-kirschberg.de |* €

INSIDER TIPP AM SCHLOSS – DIE KLEINE RESIDENZ (U B4) (🛏 b4)
Zum „Resi", dem Kaffeehaus, gehört auch eine Pension. Und die kann sich sehen lassen: große helle Zimmer, teilweise mit Terrasse, gegenüber dem Stadt-

Luxuriös wohnen mitten in Weimar: Hotel Elephant

schloss. *7 Zi. | Grüner Markt 4 | Tel. 03643 743270 | www.residenz-pension.de |* €

INSIDER TIPP LA CASA DEI COLORI
(U A3) (🛏 a3)
Sanftes mediterranes Ambiente mitten in der Stadt: In jedem Zimmer des „Hauses der Farben" dominiert eine andere Farbe. Bei der Buchung berücksichtigt man gern Ihre Lieblingsfarbe. *10 Zi. | Eisfeld 1a | Tel. 03643 489640 | www. casa-colori.de |* €€

PENSION LINDENHOF (119 D2) (🛏 L2)
Ländliche Idylle vor den Toren Weimars: Ein ehemaliger Bauernhof in Kromsdorf wurde zur hübschen Pension ausgebaut. *15 Zi. | Bei der Kirche 22 | Kromsdorf (4 km bis zum Stadtzentrum) | Tel. 03643 441040 | www.weimar-lindenhof.de |* €

WEIMARS UMGEBUNG

Schwärmerisch schrieb Goethe einst aus Ilmenau: „Die Gegend ist herrlich, herrlich!" Und die meisten Besucher unserer Tage, die von Weimar aus in die Umgebung fahren, stimmen dem Dichterfürsten vorbehaltlos zu.

Städte mit reicher Geschichte wechseln sich ab mit verträumten Dörfern. Dazwischen finden sich immer wieder Wälder mit dem Duft von Pilzen und frisch geschlagenem Holz sowie weite Ausblicke von den Höhenzügen. Viele Orte in der Umgebung von Weimar stehen in enger Beziehung zu Goethe und Schiller. Der reisefreudige Goethe hat in seinem Leben fast 38 000 km zurückgelegt, haben kluge Leute ausgerechnet. Zu Fuß, zu Pferd und in der Kutsche durchstreifte er allein in Thüringen etwa 150 Orte. „Die beste Bildung findet ein gescheiter Mann auf Reisen", bekannte er in „Wilhelm Meisters Lehrjahre", denn „man reist ja nicht, um anzukommen, sondern um zu reisen …". Ausführliche Informationen über das Land finden Sie im MARCO POLO Band „Thüringen".

APOLDA

(119 E2) (𝖬 0) Glockengießer, Stricker und Maschinenbauer prägten das Antlitz der ruhigen Kleinstadt, die **18 km nördlich von Weimar inmitten einer leicht hügeligen Landschaft liegt (25 000 Ew.).**
Die größte Glocke des Kölner Doms wurde hier gegossen. Heute übt diese Kunst

The sign in the image reads:

GOETHE - WANDE[R]

g

GROSSER HERMANNST[EIN]

Der Felsen trägt seinen Namen "Hermannsteyn"
Ritter Hermann v. Witzleben (1340 - 1393). Ausg[rabungen]
zwischen 1962 und 1967 bestätigen das Vorhanden[sein einer]
Burg auf dem Felsen. Sie diente einst dem Sch[utz der]
Handelsstraße Erfurt - Nürnberg. Grabungsfu[nde wie]
Keramikscherben, Schwert, Nägel und Armbru[st]
werden dem 13./14. Jahrhundert zugeord[net]
Ein Modell der Burg sowie ein Teil der Funde [sind im]
"Haus des Gastes" Manebach ausgestellt. Der He[rmannstein]
wird als Kletterfelsen genutzt. Er besteht [aus]
Kickelhahnporphyr, einem vulkanische[n]
Ergussgestein. Der Felsen steht als
Bodendenkmal, Flächennaturdenkmal
und Geotop unter Schutz.

→ Goethehäuschen ca. 20 Min.
→ Zur Höhle ca. 3 Min.
   Sophienquelle ca. 15 Min.

Den Klassikern auf der Spur: Im Umland erinnern viele Gedenkstätten an die berühmten Dichter aus Weimars großer Zeit

in Apolda niemand mehr aus, dafür gibt es im Zentrum mehrere Glockenspiele. Das Strickereihandwerk ist immer noch in der Stadt zu Hause. Für Überraschungen sorgt das Kunsthaus, das jedes Jahr spektakuläre Ausstellungen präsentiert.

SEHENSWERTES

GLOCKEN- UND STADTMUSEUM

Hier ist Anfassen ausdrücklich erlaubt, Sie dürfen fast alle freistehenden Glocken anschlagen. Außerdem veran-schaulichen Maschinen, Muster und Bekleidungsstücke die 400-jährige Geschichte der Apoldaer Textilindustrie. *Di–So 10–18 Uhr | Bahnhofstr. 41 | www. glockenmuseum-apolda.de*

KUNSTHAUS APOLDA AVANTGARDE

Einen überregionalen Namen hat sich die Kunstgalerie mit Ausstellungen hochkarätiger Künstler gemacht. So waren bespielsweise schon Werke von Toulouse-Lautrec, Picasso, Liebermann, Dalí oder Corinth zu sehen. Es werden

APOLDA

Das Gut in Oßmannstedt war jahrelang Wohnstätte des Dichters Christoph Martin Wieland

aber auch unbekannte Künstler gefördert. *Di–So 10–18 Uhr | Bahnhofstr. 42 | www.kunsthausapolda.de*

MUSEUMSBARACKE „OLLE DDR"
Die Betreiber haben zahlreiche Gegenstände zusammengetragen, von Kücheneinrichtungen über Kinderzimmer bis zu Büroeinrichtungen. Die Ausstellung vermittelt ein Bild davon, wie der ganz normale Alltag der Menschen in der DDR aussah. *April–Okt. Di–So 10–18, Nov.–April 10–17 Uhr | Bahnhofstr. 42 (hinter dem Kunsthaus) | www.olle-ddr.de*

other## ESSEN & TRINKEN
ÜBERNACHTEN

HOTEL AM SCHLOSS
Das beste Hotel von Apolda bietet zeitgemäßen Komfort in ruhiger Lage. Im gediegenen Restaurant bekommen Sie regionale und internationale Küche. *113 Zi. | Jenaer Str. 2 | Tel. 03644 58 00 | www.hotel-apolda.de | €€*

other## AUSKUNFT

TOURIST-INFORMATION
Markt 1 | Apolda | Tel. 03644 65 01 00 | www.apolda.de

other## ZIELE IN DER UMGEBUNG

BAD SULZA (119 F1) (*0*)
Die Heilkraft der Sole wusste schon Goethe zu schätzen. Das staatlich anerkannte Soleheilbad mit seinen 3000 Ew. liegt 12 km von Apolda entfernt *(www.bad-sulza.de)*. Der Ort schmiegt sich ins Tal der Ilm und ist umgeben von sanften Kalkhügeln. Das milde Klima und die geschützte Lage bieten auch gute Bedingungen für den Weinanbau, der hier eine mehr als 800-jährige Tradition hat. Erhalten geblieben und zu besichtigen sind die ehemaligen *salinetechnischen Anlagen* und das *Gradierwerk „Louise"* mit dem Wandelgang und der Zerstäuberhalle *(Mai–Nov. Mo 10–12, Di, Do, Sa, So 10–12, 14–17, Fr 14–17 Uhr,*

www.marcopolo.de/weimar

Dez.–April Di, Do 13–15 Uhr). Auch den denkmalgeschützten *Kurpark* mit dem historischen Inhalatorium sollten Sie sich ansehen. Ein interessantes Detail im Park ist die Kopie von Goethes Gartenhaus. Im Kulturstadtjahr 1999 stand sie neben dem Original im Park an der Ilm in Weimar. Später baute man sie ab und brachte sie hierher. Heute wird das Haus für Ausstellungen, Veranstaltungen und Feste sowie als Standesamt genutzt *(April–Okt. Di–So 12–16 Uhr | im Kurpark | www.goethegartenhaus.de)*.

Dank Unterwassermusik und Lichteffekten ist ein Besuch in der ★ ● *Toskana-Therme* ein unvergessliches Erlebnis. Es gibt sogar **INSIDER TIPP** Konzerte unter Wasser. Zum Angebot gehören auch Wellness-, Beauty- und Spa-Anwendungen sowie eine Saunalandschaft mit verschiedenen Themensaunen *(So–Do 10–22, Fr/Sa 10–24 Uhr | Wunderwaldstr. 2 | Tel. 036461 9 20 00 | www.toskanatherme.de)*.

Drei verschiedene Häuser neben der Anlage bilden das Ensemble des *Hotels an der Therme*, das mit Dreisternekomfort aufwartet. Über einen Gang erreichen Sie im Bademantel die Therme *(295 Zi. | Rudolf-Gröschner-Str. 11 | Tel. 036461 9 20 00 | www.toskanaworld.net | €€)*.

GUTSPARK OSSMANNSTEDT
(119 D2) (*m* 0)

1797 kaufte Christoph Martin Wieland in dem 11 km südwestlich von Apolda gelegenen Dorf Oßmannstedt das barocke Gebäudeensemble mit dem Gutspark. In seinem „Osmantinum" lebte der Schriftsteller mit seiner Familie bis 1803 als „poetischer Landjunker". Er schrieb seine bedeutenden Spätwerke, u. a. den Briefroman „Aristipp und einige seiner Zeitgenossen", und versammelte einen geselligen Kreis um sich. Nach dem Tod seiner Ehefrau zog er wieder nach Weimar und schloss sich dem Umfeld der Herzogin Anna Amalia an. Wieland wurde seinem Wunsch gemäß im Park am Ufer der Ilm beerdigt, an der Seite seiner Frau und der bei einem Besuch in Oßmannstedt verstorbenen Sophie Brentano.

Der Park war ursprünglich im Barockstil angelegt und wurde in einen englischen Landschaftsgarten umgestaltet. Er ist jederzeit zugänglich. Das Gut beherbergt ein Museum, das den Dichter Christoph Martin Wieland umfassend vorstellt *(April–15. Okt. Di–So 10–18, 16. Okt.–März Sa/So 10–16 Uhr | www. klassik-stiftung.de)*. Außerdem existiert hier eine Bildungsstätte, die sich an die Traditionen des Ortes anlehnt und sich vor allem literarischen, philosophischen und historischen Themen widmet.

BAD BERKA

(118–119 C–D3) (*[map] 0*) **Eine Kleinstadt (7800 Ew.) mit Heilquellen, 12 km südlich von Weimar gelegen, die man rasch lieben lernt.**

LOW BUDGET

▶ Viel Geld sparen Sie, wenn Sie eine *Thüringen-Card* kaufen: 200 Sehenswürdigkeiten, Museen und Freizeiteinrichtungen in ganz Thüringen stehen Ihnen damit kostenlos offen. Die Card wird in drei verschiedenen Editionen angeboten: für 24 Stunden kostet sie 16 Euro (Kinder 11 Euro), für drei frei wählbare Tage im Jahr 36 Euro (Kinder 23 Euro) und für 6 frei wählbare Tage im Jahr 56 Euro (Kinder 34 Euro). *www. thueringencard.info*

▶ Mit dem *Hopperticket* fahren Sie für 7 Euro (8 Euro am Schalter) 50 km innerhalb Thüringens in Nahverkehrszügen. *Mo–Fr ab 9 Uhr, Sa/ So ganztägig | www.bahn.de*

Die neue Fußgängerzone und der Kurpark, auf Goethes Anregung hin angelegt, gehören zu den Kleinoden Bad Berkas. Der Markt mit dem Rathaus bekam sein klassizistisches Aussehen nach dem großen Stadtbrand 1814. An die einst vorhandenen Sandsteinbrüche erinnern viele kleine Kunstwerke aus dem Material an Hauseingängen und Grabdenkmälern. Seit 1911 darf sich Berka offiziell Bad nennen. In einfachen Holzhütten, den sogenannten Waldschlafstätten, lagen die Tuberkulosepatienten Tag und Nacht, um die würzige Luft der Wälder einzuatmen. Die gute Luft ist geblieben, doch die Holzhütten sind längst verschwunden. Als Unterkunft dienen heute moderne Sanatorien und Hotels. Seit die Tuberkulose als Volkskrankheit besiegt wurde, werden in Bad Berka Herz-Kreislauf- und Stoffwechselkrankheiten behandelt. Mehrere Rundwanderwege – die meisten beginnen am Goethebrunnen – führen in die zauberhafte Umgebung. Einen schönen Ausblick hat man vom [star] Paulinenturm aus. Das Wahrzeichen der Stadt steht auf dem 416 m hohen Adelsberg. 143 Stufen führen zur Aussichtsplattform. Der Rundblick von hier aus ist herrlich.

SEHENSWERTES

COUDRAY-HAUS
Im Alten Kurhaus, das in Goethes Anwesenheit 1825 als „Bade- und Gesellschaftshaus" eröffnet wurde, erfährt man Wissenswertes über den Dichterfürsten und die Entwicklung von Bad Berka. *Di–So 14–17 Uhr | Parkstr. 16*

ESSEN & TRINKEN ÜBERNACHTEN

HUBERTUSHOF
In dem Hotel, das im Landhausstil gestaltet ist, wohnen Sie in angenehmen

Beschaulicher Ort mit heilsamer Wirkung: Viele Gäste kommen zur Kur nach Bad Berka

Zimmern. Das elegante Restaurant bietet eine umfangreiche Karte, die saisonalen Angebote wechseln wöchentlich. Es gibt eine große Auswahl an Saale-Unstrut-Weinen. *30 Zi. | Tannrodaer Str. 3 | Tel. 036458 350 | www.hotel-hubertushof.de | €€*

WALDGASTHAUS BALSAMINE
(119 D3) (*M 0*)
Die Betreiber legen Wert auf frische regionale und saisonal ausgerichtete Speisen, der Kuchen ist selbst gebacken. Im Obergeschoss können Sie in reizvollen Doppelzimmern übernachten. *6 Zi. | Restaurant Mo geschl. | Am Schlossberg 50 | Buchfart (5 km von Bad Berka entfernt) | Tel. 0172 3 62 47 30 | www.waldgasthaus-balsamine.de | €–€€*

AUSKUNFT

KURVERWALTUNG
Goetheallee 3 | Bad Berka | Tel. 036458 57 90 | www.bad-berka.de

ERFURT

(118 B2–3) (*M 0*) **Das 20 km westlich gelegene Erfurt (200 000 Ew.) war im 14. Jh. eine der größten und reichsten Städte Deutschlands, weshalb es noch heute viele bedeutende Bauwerke besitzt.**

„Größtes deutsches städtebauliches Flächendenkmal" darf sich die Landeshauptstadt des Freistaats Thüringen nennen. Es gibt viel zu sehen: das monumentale Ensemble von Dom und Severikirche, reiche Patrizierhäuser, schöne Fachwerkbauten und viele weitere Kirchen. An Goethe und Schiller erinnert beispielsweise das Dacherödensche Haus, Anger 37/38, in dem beide oft zu Gast waren. Martin Luther studierte an der damals berühmten Universität von 1501 bis 1505 Theologie und Rechtswissenschaft. Die denkmalgeschützten Straßenzüge und Bauwerke sind an ihren INSIDER TIPP roten Straßenschildern und Hausnummern zu erkennen.

SEHENSWERTES

ALTE SYNAGOGE ⭐

Höhepunkt der Ausstellung zum jüdischen Leben in Erfurt ist ein mittelalterlicher Schatz, der 3000 Silbermünzen und -barren sowie 600 exzellent gefertigte Goldschmiedearbeiten umfasst. Beim Pogrom im Jahr 1349 hatten ihn die Besitzer im Keller vergraben, erst 649 Jahre später wurde er gefunden. *Di–So 10–18 Uhr | Waagegasse 8 | www.alte-synagoge.erfurt.de*

ANGERMUSEUM

Das Museum zeigt mittelalterliche Kunst aus Erfurt und Thüringen sowie rund 1000 kunsthandwerkliche Objekte, darunter das keramische Hauptwerk des Jugendstilglaskünstlers Emile Gallé. Außerdem sind Gemälde mit Schwerpunkt auf der Landschaftsmalerei des 19. Jhs. zu sehen. Einen beeindruckenden Anblick bieten der Fayencesaal und der Rokokofestsaal aus der Zeit um 1760. *Di–So 10–18 Uhr | Am Anger 18 | www.angermuseum.de*

AUGUSTINERKLOSTER

Martin Luther trat 1505 als Mönch in das Kloster ein. Die Zelle, in der der Reformator gelebt haben soll, können Sie besichtigen. Außerdem informiert Sie eine Ausstellung über Luthers Aufenthalt. Ein Teil des Klosters wurde zur Tagungs- und Begegnungsstätte ausgebaut. *Führungen stdl. April–Okt. Mo–Sa 10–12, 14–17, Nov.–März 10–12, 14–16, So 11/12 Uhr | Augustinerstr. 10 | www.augustinerkloster.de*

DOMBERG

Zu dem beeindruckenden Ensemble aus Dom St. Marien und Severikirche führt vom Domplatz eine Freitreppe mit 70 Stufen hinauf. Die Glocke Gloriosa aus dem 15. Jh., die im Dom hängt, gehört zu den größten frei schwingenden Glocken der Welt. Etwa achtmal im Jahr wird sie zu besonderen Anlässen geläutet.

EGAPARK ERFURT ⭐

Beeindruckend ist das 6000 m² große Blumenbeet, im Schmetterlingshaus versetzen Sie **INSIDER TIPP** ▸ 400 exotische Falter in die Welt der Tropen. Der Egapark, einer der schönsten Parks in Deutschland, hält den Ruf Erfurts als einstiger Blumenstadt von internationaler Bedeutung wach. Kinder finden hier den größten und schönsten Spielplatz Thüringens samt Bauernhof mit Haustieren und Bootscooter. Den ☀ Blick auf die Stadt vom alten Geschützturm aus sowie die Volkssternwarte in der Cyriaksburg sollten Sie sich nicht entgehen lassen. *Mai–Mitte Sept. tgl. 9–20*

(Hallen und Schauhäuser 9–18), März/ April und Mitte Sept.–Okt. 9–18, Jan./ Feb. und Nov.–Dez. 10–16 Uhr | www. egapark-erfurt.de

KRÄMERBRÜCKE

Das Pendant zur Ponte Vecchio von Florenz schwingt sich über die Gera. 32 Fachwerkhäuser säumen die 125 m lange und 19 m breite Brücke, die einzige ihrer Art nördlich der Alpen.

ZITADELLE PETERSBERG

Das Musterbeispiel europäischer Festungsbaukunst des 17. bis 19. Jhs. steht auf dem Petersberg. Die imposante Anlage mit ihren Bastionen, Brücken und Kasernen ist die einzige barocke Stadtbefestigung Mitteleuropas, die in großen Teilen erhalten ist. *www. petersberggeschichte.info*

ALBOTH'S RESTAURANT

Claus Alboth, einer der besten Köche Thüringens, verwöhnt mit feiner Gourmetküche. Außerdem bietet er **INSIDER TIPP** Kochkurse an, in denen Sie an seiner Seite ein köstliches Viergängemenü zubereiten. *Nur abends | So/Mo geschl. | Futterstr. 15/16, im Kaisersaal | Tel. 0361 5 68 82 07 | www.alboths.de | €€€*

ZUM AUGUSTINER

Eine urgemütliche Gaststätte mit Holztischen und stimmungsvoller Beleuchtung. *Tgl. | Michaelisstr. 32 | Tel. 0361 5 62 38 30 | www.augustiner-erfurt.de | €*

ZUM GOLDENEN SCHWAN

In einem der ältesten Bürgerhäuser Erfurts befindet sich dieses rustikale

Wunderschön und nördlich der Alpen einzigartig: die Krämerbrücke in Erfurt mit ihren Fachwerkhäusern

Restaurant mit eigener Brauerei. Neben Thüringer Küche bekommen Sie auch Brauhausspezialitäten und leichte saisonale Gerichte. *Tgl. | Michaelisstr. 9 | Tel. 0361 26 23 74 | €–€€*

ÜBERNACHTEN

HOTEL NIKOLAI

Die romantische Unterkunft ist zwischen dem Augustinerkloster und dem Domplatz gelegen. *17 Zi. | Augustinerstr. 30 | Tel. 0361 59 81 70 | www. hotel-nikolai-erfurt.de | €€*

IBB HOTEL ERFURT

Modernes Haus bei der Krämerbrücke. Die Möbel für die Zimmer entwarf der Franzose Didier Gomez eigens für das Hotel. *85 Zi. | Gotthardstr. 27 | Tel. 0361 6 74 00 | www.ibbhotels.com | €€€*

AUSKUNFT

TOURIST INFORMATION

Benediktsplatz 1 | Erfurt | Tel. 0361 6 64 00 | www.erfurt-tourismus.de

GROSSKOCH-BERG

(119 D5) *(ΜΠ 0)* **Den in eine Talmulde eingebetteten Ort (580 Ew.) knapp 30 km südlich von Weimar schmücken hübsche Fachwerkhäuser.**

Doch Großkochberg würde kaum jemand kennen, gäbe es hier nicht das Schloss Kochberg, das durch Goethe bekannt geworden ist. Herrin des Hauses war Charlotte von Stein, die langjährige Freundin Goethes. Die Familie von Stein hatte das Anwesen – ein ehemaliges Rittergut – im Jahr 1733 erworben. Wissenschaftler haben etwa 1700 Briefe erfasst, die

der Dichter an die sieben Jahre ältere Schlossherrin schrieb.

Goethe lief oder ritt seit Dezember 1775 oft von Weimar nach Großkochberg. Für die 28 km lange Strecke benötigte der Dichterfürst nach eigener Aussage vier Stunden, wenn er zu Fuß unterwegs war. Auch Schiller und Herzog Carl August waren hier zu Gast.

SEHENSWERTES

SCHLOSS KOCHBERG ⭐

Mit Möbeln und Kunstgegenständen aus dem Besitz Charlotte von Steins eingerichtete Räume, in denen an Goethes Besuche erinnert wird. Die ältesten Teile des mehrfach veränderten Schlosses stammen aus den Jahren um 1600. Das Schloss war bis 1946 Eigentum der Familie von Stein, die dann im Rahmen der Bodenreform enteignet wurde. Seit 1949 ist das Schloss Goethe-Gedenkstätte. Im Park erfreuen Blumengarten, Architektur und prachtvolle Bäume das Auge. Außerdem gibt es eine Gärtnerei. *April–15. Okt. Di–So 10–18, Advent Sa/So 11–17 Uhr | www.klassik-stiftung.de*

ESSEN & TRINKEN

SCHLOSSRESTAURANT KOCHBERG

Regionale und saisonale Gerichte im historischen Ambiente. Gemüse, Salate und Kräuter kommen aus der Schlossgärtnerei. *April–Okt. Mo, Nov.–März Mo/ Di geschl. | Tel. 036743 2 06 60 | www. schlossrestaurant-kochberg.de | €€*

AM ABEND

INSIDER TIPP ▶ LIEBHABERTHEATER

Zum Schlossensemble gehört dieses kleine Liebhabertheater mit 75 Plätzen, das Carl von Stein, der älteste Sohn Charlotte von Steins, Ende des 18. Jhs. errichten ließ. Zwischen Ostern und der Adventszeit finden regelmäßig Theateraufführungen in intimer Atmosphäre, Lesungen und Kammermusikkonzerte statt. *Vorverkauf und Tageskasse: Museumskasse Schloss Kochberg | Tel. 036743 2 25 32 | www.liebhabertheater.com*

ILMENAU

(118 A6) *(∅ 0)* **„Anmutig Tal, du immergrüner Hain" – so hat Goethe 1783 die Lage des Städtchens 50 km südwestlich von Weimar beschrieben.** Daran hat sich nichts geändert, denn der Thüringer Wald reicht noch immer bis an die Grenzen der Universitätsstadt (31 000 Ew.) im Tal der Ilm heran. Allerdings geht es dort heute lebhafter zu als zu Goethes Zeiten – dafür sorgen die 8000 Studenten der Technischen Universität.

Im Auftrag der herzoglichen weimarischen Regierung kam Goethe 1776 zum ersten Mal nach Ilmenau. Insgesamt weilte der Dichter 28 Mal in der heutigen Universitätsstadt, um vor allem den Bergbau wiederzubeleben. In diesen Jahren entstand am Markt das Rathaus. Der achteckige Brunnen mit der Wasser speienden Henne davor plätscherte zu dieser Zeit schon seit einigen Jahren. Die für Fußgänger reservierte Marktstraße führt zur barocken Stadtkirche mit ihrem großartigen Innenraum, in den auch schon Goethe geschaut haben dürfte. Im Gespräch mit Johann Peter Eckermann resümierte Goethe am Ende seines Lebens: „Ilmenau hat mir viele Zeit, Mühe und Geld gekostet, dafür habe ich ... mir eine Anschauung der Natur erworben, die ich um keinen Preis umtauschen möchte."

In der heute Goethehäuschen genannten Jagdhütte auf dem nahen Kickel-

Brunnen am Markt in Ilmenau

hahn entstand 1780 Goethes berühmtes Gedicht „Wanderers Nachtlied" mit den bekannten Anfangszeilen „Über allen Gipfeln/Ist Ruh ...". Goethe schrieb die Worte an die Holzwand des Häuschens. Es brannte 1870 ab, wurde aber originalgetreu wieder errichtet.

SEHENSWERTES

GOETHE-STADT-MUSEUM
Während seiner Aufenthalte in Ilmenau wohnte Goethe im südöstlichsten Zimmer im ersten Stockwerk des Amtshauses am Markt. Viel Interessantes zur

Geschichte der Stadt, zum Bergbau und zur regionalen Porzellanproduktion. *Tgl. 10–17, jeden 1. Do im Monat 10–20 Uhr | Am Markt 1*

JAGDHAUS GABELBACH

Am Fuß des Kickelhahns liegt das Jagdhaus, in dem Goethe viele Male Gast war. Es vermittelt Eindrücke vom geselligen Leben des Weimarer Hofs, den Jagdgewohnheiten jener Zeit und Goethes Aufenthalten im Thüringer Wald. Bei der Einrichtung im Fest- und Speisesaal handelt es sich fast ausschließlich um Originale. *April–Okt. Di–So 10–16, Nov.–März 10–17 Uhr | Waldstr. 24*

ESSEN & TRINKEN

CAFÉ ARCHE

Jeden Tag gibt es hier eine besondere `INSIDER TIPP` Suppenkreation, außerdem ausgesuchte Kaffee- und Teespezialitäten. Mit Galerie und Shop für Schmuck und Interieur. *Str. des Friedens 28 | Tel. 03677 89 47 11 | www.arche-ilmenau.de | €*

LA CHEMINEE

Stimmungsvolles Ambiente im holzgetäfelten Raum mit Kamin. Sie genießen erlesene und frische Küche. Das angebotene Wild stammt aus der eigenen Jagd. *So/Mo geschl. | Waldstr. 23a, im Berg- und Jagdhotel Gabelbach | Tel. 03677 86 00 | €€€*

ÜBERNACHTEN

HOTEL TANNE

Die farbenfrohen geräumigen Zimmer sorgen für eine angenehme Atmosphäre. Jeden Sonntag gibt es von 11.30 bis 14 Uhr einen `INSIDER TIPP` kulinarischen Sonntagsbrunch im Restaurant *Bel Canto. 111 Zi. | Lindenstr. 38 | Tel. 03677 65 90 | www.hotel-tanne-thueringen.de | €€*

ROMANTIK BERG- UND JAGDHOTEL GABELBACH

Idyllisch im Wald nahe dem Kickelhahn gelegen, mit Hallenbad, Sauna, Bowlingcenter, Liegewiese, Restaurant, Café. *91 Zi. | Waldstr. 23a | Tel. 03677 86 00 | www.gabelbach.com | €€*

AUSKUNFT

ILMENAU-INFORMATION

Am Markt 1 | Ilmenau | Tel. 03677 60 03 00 | www.ilmenau.de

JENA

(119 E–F3) (*ℳ 0*) **Weimar und das 20 km östlich gelegene Jena hießen in der klassischen Periode die „Doppelstadt".**

Goethe meinte, die beiden Städte seien „im schönsten Sinne geistig vereint und könnten eins ohne das andere nicht bestehen". Letzteres stimmt schon lange nicht mehr, doch Berührungspunkte gibt es noch: Sowohl Jena (104 000 Ew.) als auch Weimar sind Universitätsstädte, und beide haben viele Museen und Erinnerungsstätten zu Goethe und Schiller vorzuweisen.

Jena entwickelte sich im 19. Jh. zur Industriestadt, der von Carl Zeiss und Ernst Abbe aufgebaute feinmechanisch-optische Betrieb erlangte Weltruhm. Die Tradition setzen heute die Carl Zeiss Jena GmbH und die Jenoptik AG fort. Das Jena des 21. Jhs. ist eine lebendige Stadt, Ort mit Tradition und modernes Forschungs- und Technologiezentrum zugleich. Und Jena ist eine junge Stadt mit mehr als 26 000 Studenten.

Einen sehr guten Ruf hat sich in Thüringen das junge und kreative Ensemble des Theaterhauses Jena erworben. Über die Landesgrenzen hinaus bekannt ist mittlerweile das mehrwöchige Sommerfestival <mark>INSIDER TIPP</mark> **Kulturarena**, dessen Flair in „der anspruchsvollen Mischung aus Topact und Geheimtipp, aus Vertrautheit und Fremdartigkeit" besteht, wie die Macher ihr Erfolgsrezept beschreiben *(www.kulturarena.com)*.

SEHENSWERTES

BOTANISCHER GARTEN

Mehr als 10 000 Pflanzenarten aus aller Welt gedeihen in den Freianlagen und Gewächshäusern. Schon zu Zeiten von Goethe und Schiller war der Garten bekannt. *Außenanlagen und Gewächshäuser April–Okt. tgl. 10–19, Nov.–März 10–18 Uhr | Fürstengraben 26*

GOETHE-GEDENKSTÄTTE

Erinnerungen an Goethes Wirken in Jena. Das Museum befindet sich im ehemaligen Inspektorhaus des Botanischen Gartens. Goethe war angetan von der „lieblichsten Gartenwohnung" mit der „heiteren Aussicht". *April–Okt. Mi–So 11–15 Uhr | Fürstengraben 26*

OPTISCHES MUSEUM

Eine der größten Brillensammlungen der Welt, Mikroskope, Fotoapparate und die „Historische Zeiss-Werkstatt 1866". <mark>INSIDER TIPP</mark> **Rundgang durch die Werkstatt** jeden Sa um 11.30 Uhr. *Di–Fr 10–16.30, Sa 11–17 Uhr | Carl-Zeiss-Platz 12 | www.optischesmuseum.de*

SCHILLERS GARTENHAUS

Das Gartenhaus ist die einzige erhaltene Wohnstätte Schillers in Jena. Der Dichter lebte fast zehn Jahre in der Stadt. Im Garten ist noch der steinerne Tisch zu sehen, an dem er mit Goethe und anderen gesessen und geplaudert hat. *April–Okt. Di–So 11–17, Nov.–März Di–Sa 11–17 Uhr | Schillergässchen*

ZEISS-PLANETARIUM

Das älteste Planetarium der Welt arbeitet mit hochmoderner Projektionstechnik. Die Vorführungen dauern 40 bis 50 Minuten. *Di–So Vorführungen zu verschiedenen Zeiten | Auskunft: Tel. 03641 88 54 88 | Am Planetarium 5 | www.sternevent.com*

ESSEN & TRINKEN

ALT JENA WIRTSHAUS & WEINSTUBE

Gemütliche Wirtshausatmosphäre im Kolonialstil. Wählen Sie aus mehr als 20 Fischgerichten und über 90 verschiedenen Weinen. *Tgl. | Markt 9 | Tel. 03641 44 33 66 | €*

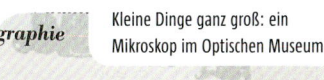

Kleine Dinge ganz groß: ein Mikroskop im Optischen Museum

TURM-RESTAURANT SCALA ❖
128 m über den Dächern von Jena: Die einen kommen wegen der jungen und frischen Küche, die anderen wegen der Aussicht vom 28. Stock des Jen-Towers, doch die meisten zieht beides hierher. *Tgl. | Leutragraben 1 | Tel. 03641 35 66 66 | www.scala-jena.de | €€€*

AM ABEND
Im studentisch geprägten Jena ist immer etwas los. Clubs, Bars, Kneipen und Cafés sorgen für lange Nächte. Immer gut besucht ist der *Rosenkeller (Johannisstr. 23 | www.rosenkeller.org)*. Frech und modern sind die Stücke, die im *Theaterhaus* aufgeführt werden *(Schillergässchen 1 | www.theaterhaus-jena.de)*. Zu Jenas Kneipenmeile avanciert ist die **INSIDER TIPP** *Wagnergasse* mit ihrem Straßencaféflair. Hier treffen sich Einheimische und Gäste in unkonventioneller Atmosphäre.

ÜBERNACHTEN
HOSTEL ALPHA ONE
Das Hostel ist eine preisgünstige, einfache Unterkunft im Zentrum. Sie übernachten in Ein- bis Sechsbettzimmern. Es gibt Etagenduschen und -toiletten sowie Gemeinschaftsküchen. *20 Zi. | Lassallestr. 8 | Tel. 03641 59 78 97 | www.hostel-jena.de | €*

MAXX HOTEL JENA
Wohnen im Stil der amerikanischen 1930er- bis 1950er-Jahre. *220 Zi. | Stauffenbergstr. 59 | Tel. 03641 30 00 | www.maxx-jena.steigenberger.de | €€*

ZUR NOLL
Gemütlich und rustikal eingerichtete Zimmer erwarten Sie in einem historischen Haus. *22 Zi. | Oberlauengasse 19 | Tel. 03641 5 97 70 | www.zur-noll.de | €€*

AUSKUNFT
TOURIST-INFORMATION
Markt 16 | Jena | Tel. 03641 49 80 50 | www.jena.de

ZIEL IN DER UMGEBUNG
DORNBURG ★ (119 F2) (⌀ 0)
Eine steile Straße führt vom Saaletal hoch hinauf nach Dornburg (1000 Ew.), das 12 km von Jena entfernt liegt. ❖ Auf einem Muschelkalkfelsen thronen wie im Märchen drei Schlösser, die umgeben sind von einem schönen Gartenensemble mit Landschaftsgarten, Eschen- und Rosengang. Ein hübscher Anblick sind die Weinberge am Hang und das Weinberghäuschen.

Zwei der Schlösser sind heute Museen und können besichtigt werden. Im *Renaissanceschloss* verbrachte Goethe von Juli bis September des Jahres 1828 den längsten seiner mehr als 20 Dornburger Aufenthalte. Er wohnte in der Bergstube und den angrenzenden Räumen, die im Original erhalten geblieben sind. Das Bauwerk, das aus dem 16. Jh. stammt, erhielt sein heutiges Erscheinungsbild im 19. Jh. Im *Rokokoschloss* sind der mit Stuckmarmor versehene Festsaal sowie die im Rokoko und Biedermeier gestalteten Wohnräume der Fürstenfamilie einen Besuch wert. Das dritte, *Alte Schloss*, das sein heutiges Aussehen im 15. und 16. Jh. erhielt, können Sie nur von außen besichtigen. *April–Okt. Di–So 10–18 Uhr | www.thueringerschloesser.de*

STÜTZER-BACH

(118 A6) (⌀ 0) **Ausgedehnte Wälder und idyllische Bergwiesen umgeben**

Dichterherberge: Das Dornburger Renaissanceschloss wird auch „Goetheschloss" genannt

das Dorf mit den typischen schiefergedeckten Häuschen 60 km südwestlich von Weimar.

Stützerbach windet sich bergauf: Vom Schlossberg reicht der Blick weit über den Ort und die grünen Wälder. Im Sommer 1776 hatte sich Goethe auf dieser Höhe niedergelassen und an Charlotte von Stein geschrieben: „Ich hab heute den ganzen Tag für Dich gezeichnet ...". Die Zeichnung „Stützerbacher Grund" hat heute im Goethe-Museum des einstigen Glasmacherdorfes, in dem der Dichter 13 Mal zu Gast war, ihren Platz gefunden.

SEHENSWERTES

GOETHE-MUSEUM STÜTZERBACH

Während seiner Stützerbacher Aufenthalte wohnte Goethe zehn Mal im Haus des Glashüttenbesitzers Johann Daniel Gundelach. 1962 wurde das zweistöckige Bürgerhaus als Museum eingerichtet. Das große Wohnzimmer im ersten Stock wurde so ausgestattet, wie es zu Zeiten des Dichters ausgesehen haben könnte. Das Haus beherbergt auch ein Glasmuseum, in dem Schauvorführungen stattfinden. *April–Okt. Sa/So 10–17, Nov.–März 11–15 Uhr | Sebastian-Kneipp-Str. 18*

ESSEN & TRINKEN

WALDFRIEDEN

Das Restaurant befindet sich in idyllischer Waldlage am Ortsrand zwischen Kickelhahn und Rennsteig. Sie sollten die frischen Forellen aus dem Biosphärenreservat Vessertal probieren. *Tgl. abends, So auch mittags | Goethestr. 13 | Tel. 036784 5 02 94 | www.waldfrieden.net.tc | €*

AUSKUNFT

KURVERWALTUNG

Bahnhofsstr. 1 | Stützerbach | Tel. 036784 5 02 11 | www.stuetzerbach.de

STADTSPAZIERGÄNGE

Die Touren sind im Cityatlas, in der Faltkarte und auf dem hinteren Umschlag grün markiert

1 DURCH DEN PARK AN DER ILM

● Am Rand der Altstadt erstreckt sich ein englischer Landschaftspark, der sich seit Goethes Zeiten kaum verändert hat. Park an der Ilm heißt er offiziell, doch da Goethe in den Anfangsjahren an der Gestaltung mitwirkte, nennen die Weimarer dieses landschaftliche Kleinod Goethepark. Der Spaziergang dauert etwa 2 Stunden.

Sie starten an der Kegelbrücke und laufen an der Rückseite des Schlosses vorbei, das eines der markantesten Bauwerke Weimars ist. Über die **Sternbrücke** (1651–53) geht es zum östlichen Ilmufer, wo Sie linker Hand die künstliche **Sphinxgrotte** (1786) mit der **Sprudelquelle** und rechter Hand die **Läutraquelle** erreichen. Laufen Sie weiter den Corona-Schröter-Weg entlang. **Goethes Gartenhaus** → S. 50 ist das nächste Ziel. Im Garten, der sich wieder wie zu Goethes Zeiten zeigt, steht am westlichen Ende der **INSIDER TIPP Stein des guten Glücks**, den Sie in Miniaturausgabe in den Souvenirgeschäften Weimars kaufen können. „Hab ein liebes Gärtgen vorm Tore an der Ilm schönen Wiesen", notierte der Dichter 1776 stolz über seine Neuerwerbung, die sechs Jahre lang sein Zuhause war. Zu dieser Zeit war das Ilmufer noch eine Art Wildnis. Christoph Martin Wieland meinte, ohne eine Abteilung Artillerie, die eine Schneise in die Hecken und Sträucher schießen müsse, könne man nicht zu Goethe gelangen. Aber bereits

---

Bild: Park an der Ilm

Wanderungen durch die Geschichte: Zu Fuß lernen Sie Weimars Kultur- und Architekturdenkmäler am besten kennen

1778 schrieb der Dichter: „In meinem Tal wird's immer schöner."

Der Park an der Ilm entstand nicht nach einem langfristigen Plan, sondern nach und nach, entsprechend den sich bietenden Möglichkeiten und vorhandenen Ideen. 1828, im Todesjahr Herzog Carl Augusts, war die Gestaltung weitgehend abgeschlossen. Ergänzungen nahm der geniale Gartengestalter Hermann Fürst von Pückler-Muskau noch bis 1850 vor. Von Goethes Gartenhaus sind es nur wenige Schritte bis zum **Pogwischhaus**, benannt nach Ottilie von Pogwisch (1796–1872), der Schwiegertochter Goethes. Mitte des 19. Jhs. lebte auch Goethes Enkel Walther (1818–85) einige Jahre in dem Haus. Der Corona-Schröter-Weg führt weiter zur **Schaukelbrücke** (1833) am Parkende, einer 14 m langen, freitragenden Hängebrücke über die Ilm, die ihren Namen zu Recht trägt. Zurück laufen Sie am besten in dem Teil des Parks, der der Stadt zugewandt ist. Hier gibt es die meisten Sehenswürdigkeiten zu entdecken.

Durch den Park winden sich wiesen- und sträucherumsäumte Wege, die an malerischen Baumgruppen vorbeiführen. Die Ilm schlängelt sich fast noch im natürlichen Lauf durch die Landschaft. Besonders schöne Blicke auf den Fluss bieten sich vom **Löwenkämpferportal**.

Das Shakespeare-Denkmal ehrt den großen englischen Dichter

Es markiert einen der Zugänge zu Lagerkellern, die Ende des 18. Jhs. in den Kalk unter dem Park getrieben wurden. Die romanischen Säulen stammen von der Klosterruine Thalbürgel, das Relief des Löwenkämpfers (1817/18) fertigte Johann Peter Kaufmann an. Das 1791–97 entstandene **Römische Haus → S. 52** ganz in der Nähe weist strenge, antikisierende Formen auf. Den Hang hinauf geht es zum **Dessauer Stein**, einem 5 m hohen Naturmonument, das Carl August 1782 für den Fürsten von Anhalt-Dessau errichten ließ, da dessen berühmter Wörlitzer Park zahlreiche Anregungen für den Park an der Ilm lieferte. Die **Sándor-Petöfi-Gedenkbüste** (1976) wurde zu Ehren des ungarischen Nationaldichters aufgestellt, der Goethe sehr verehrt hatte. Unweit davon steht das **Liszt-Denkmal → S. 50**. In der Nähe wurde nach dem Zweiten Weltkrieg der **Sowjetische Ehrenfriedhof** angelegt. Die letzten Beisetzungen fanden hier 1955 statt.

Weiter geht es zum **Tempelherrenhaus**, das aus einem Gewächshaus entstand und dem Hof für sommerliche Vergnügungen diente. Im 20. Jh. nutzte es das Bauhaus als Atelier. Bomben zerstörten das Gebäude in den letzten Tagen des Zweiten Weltkriegs, nur der 1816 angebaute Turm, dessen Entwurf von Goethe stammt, blieb stehen. Der Weg nach unten ins Tal führt zur künstlichen **Ruine**, die 1784 aus einer alten Schießmauer entstand. Der Innenraum diente der Hofgesellschaft oft als Picknickplatz. Daneben steht das **Shakespeare-Denkmal → S. 53** von 1904. Wenige Schritte sind es den Hang hinunter bis zum **Borkenhäuschen**, einem kleinen, hölzernen Bauwerk, das völlig mit Baumrinde umkleidet ist. Goethe hatte am Geburtstag der Herzogin an dieser Stelle eine „Einsiedelei" errichten lassen, eine strohgedeckte Mooshütte für eine Theateraufführung, aus der das heutige Bauwerk hervorgegangen ist.

Wenn Sie etwas zurücklaufen, kommen Sie zum **Schlangenstein** (1787) mit der Aufschrift „Genio huius loci" (dem Schutzgeist dieses Ortes), den Gottlieb

Martin Klauer nach antikem Vorbild geschaffen hat. An dieser Stelle, zwischen dem Parkeingang am **Liszt-Haus → S. 50** an der Belvederer Allee und der Straße Am Horn, erreicht der 2 km lange Park seine größte Breite. Der Herzog ließ das Gartenkunstwerk nicht mit Mauern und Zäunen umgeben, der Park war und ist für jedermann zugänglich.

In nördlicher Richtung erreichen Sie das **Felsentor**, auch Nadelöhr genannt, einen kleinen Gang, der 1778 neben den Resten eines alten Steinbruchs in den Fels geschlagen wurde, um den Weg zur Ackerwand abzukürzen, und den **Felsenbrunnen**. Beide sind Schöpfungen Goethes. An der an dieser Stelle über die Ilm führenden **Floß- oder Naturbrücke** traf Goethe 1788 zum ersten Mal seine spätere Frau, Christiane Vulpius. Die junge Frau wusste, dass der große Dichter diese Stelle passierte und wartete deshalb hier, um ihm eine Bittschrift ihres Bruders zu überreichen.

Auf dem weiteren Spaziergang ist das im Goethe-Jahr 1949 aufgestellte **Puschkin-Denkmal** zu sehen. Der russische Nationaldichter war ein glühender Verehrer Goethes, mochte besonders den Faust. Er nannte das Werk eine „Ilias des modernen Lebens". Danach gelangen Sie zur Rückseite der **Herzogin-Anna-Amalia-Bibliothek → S. 33**. Das ehemalige herzogliche **Reithaus** (18. Jh.) wurde in Vorbereitung des Kulturstadtjahres restauriert und gehört zur Europäischen Jugendbildungs- und -begegnungsstätte. Beim Schloss steht das **Louis-Fürnberg-Denkmal**, eine Bronzebüste des jüdischen Schriftstellers und Komponisten, die der Prager Bildhauer Martin Reiner geschaffen hat. Der von den Nazis verfolgte Fürnberg (1909–57) war der erste Botschaftsrat der Tschechoslowakei in der DDR, in die er 1954 übersiedelte. In Weimar war er bis zu seinem Tod stell-

vertretender Direktor der Nationalen Forschungs- und Gedenkstätten, der heutigen Klassik-Stiftung.

2 AUF DEM HISTORISCHEN FRIEDHOF

Genau genommen führt der Spaziergang durch den „Neuen Friedhof vor dem Frauentor", wie er 1818 bei der Eröffnung genannt wurde. Nach und nach wurde er zum Hauptfriedhof Weimars erweitert, der älteste Teil jedoch wird bis heute Historischer Friedhof genannt. Er gehört zu den geschichtlich bedeutendsten und zugleich schönsten deutschen Begräbnisstätten. Der Spaziergang vom Markt über den Historischen Friedhof und wieder zurück dauert etwa 1,5 Stunden. Öffnungszeiten des Friedhofs: März–Sept. 8–21, Okt. bis Feb. 8–18 Uhr.

Vom Markt aus führt der Weg am Goethehaus vorbei zum Wielandplatz, von dort die Amalienstraße entlang zum Haupteingang des Friedhofs am Poseckschen Garten. Dort, linker Hand, steht ein neoromanisches Bauwerk, das 1878/79 als Begräbnishalle erbaut wurde, 1921 jedoch zur **Gedächtnishalle** für die Toten des Ersten Weltkriegs umgestaltet wurde. Bei der Halle, rechter Hand am Hauptweg, liegt das Grab des Schriftstellers Christian August Vulpius (1762–1827), des Bruders von Goethes Ehefrau Christiane. Goethe schätzte seinen Schwager als Übersetzer und Bibliothekar an der Herzoglichen Bibliothek.

An der rechten Friedhofsmauer befindet sich die **Grabstätte der Familie von Stein**. Das Marmormedaillon für Charlotte von Stein (1742–1827) fertigte Adolf von Donndorf nach einer eigenen Zeichnung der Verstorbenen an. Die standesbewusste, kluge Frau war viele Jahre Goethes Wegbegleiterin. Wenige Schritte entfernt liegt das Grab von Oberbaudirektor Clemens Wenzeslaus Coudray (1775–1845), der 1828 über seine Beziehung zu dem Dichterfürsten sagte: „Goethes Wohlwollen, ich darf sagen, Freundschaft, beglückte mich ...". Coudray hat neben vielen anderen Gebäuden in Weimar auch die **Fürstengruft → S. 48** geschaffen – in der, wie man seit 2008 weiß, kein Schiller liegt.

Die Russisch-Orthodoxe Kapelle auf dem Historischen Friedhof

In dem Mausoleum führt eine schmale Steintreppe von der kuppelgewölbten Weihehalle in das von vier Pfeilern getragene Gewölbe. Neben den Särgen von Goethe und Schiller stehen hier weitere 31 Särge von Angehörigen des Weimarer Herzogshauses. Ursprünglich war für Goethe und Schiller ein besonderes Mausoleum in der Nähe der Fürstengruft vorgesehen, doch Carl August lehnte es mit der Begründung ab, er wolle auch im Tode mit den beiden großen Dichtern vereint sein. Anlässlich der Schiller-Feiern 1955 hatten die DDR-Kulturpolitiker den schlichten Eichensärgen von Goethe und Schiller einen herausragenden Platz eingeräumt, die Särge der Fürsten hingegen in den Hintergrund gerückt und die Begräbnisstätte in „Goethe-Schiller-Gruft" umbenannt. Heute ist alles wieder wie einst gestaltet, im Vordergrund steht der Sarkophag von Goethes Freund Carl August (1757–1828), Großherzog von Sachsen-Weimar-Eisenach.

Links neben der Gruft bekam Johann Peter Eckermann (1792–1854), Goethes Privatsekretär und vom Herzog zum Hofrat ernannt, seine letzte Ruhestätte. Bekannt wurde er durch die 1836 erschienenen „Gespräche mit Goethe". Ein Durchbruch verbindet die Gruft mit der 1860–62 angebauten **Russisch-Orthodoxen Kapelle → S. 52**, in der Maria Pawlowna in heimischer Erde ruht. Die Tochter des russischen Zaren Paul I. war die Schwiegertochter Carl Augusts. In der Kapelle finden regelmäßig russisch-orthodoxe Gottesdienste statt *(Auskunft: Tel. 03643 42 60 68)*.

Hinter der Kapelle, zwischen den Gräbern der ehemaligen Bewohner des Marie-Seebach-Stifts, steht das **Euphrosyne-Denkmal**. Marie Seebach (1829–97), zu ihrer Zeit eine populäre Schauspielerin, hatte ihr Vermögen einer Stiftung für betagte Bühnenkünstler vermacht. Das

Denkmal, eine Sandsteinsäule, geschmückt mit Masken, tanzenden Nymphen und Tierkreiszeichen, ließ Goethe zur Erinnerung an die mit 19 Jahren gestorbene Schauspielerin Christiane Becker-Neumann anfertigen, die ihn als Euphrosyne in der Oper „Das Petermännchen" begeistert hatte.

Rechter Hand, an der westlichen Friedhofsmauer, befindet sich die **Grabstätte der Familie Goethe**, in der auch die Enkelsöhne des Dichters, Walther (1818–85) und Wolfgang (1820–83), ruhen. Goethes Frau Christiane – sie starb bereits 1816 – ist auf dem Jakobsfriedhof begraben, sein Sohn August in Rom. Neben der Goethe-Grabstätte liegt die von Johann Daniel Falk (1768–1826), dem Begründer der „Gesellschaft der Freunde in der Not", und seiner Ehefrau.

Im neueren Teil des Friedhofs liegen der **Ehrenhain für unbekannte antifaschistische Kämpfer aller Nationen**, in dem Häftlinge des KZ Buchenwald ruhen, sowie die Gräber der Opfer des Bombenangriffs auf Weimar am 9. Februar 1945. Es schließen sich Gräber für im zweiten Weltkrieg gefallene deutsche Soldaten an. Das **Denkmal der Märzgefallenen → S. 48**, die Weimarer Opfer des Kapp-Putsches von 1920, schuf Walter Gropius.

3

DIE VILLEN RUND UM DIE CRANACHSTRASSE

Der große Maler der Reformation, Lucas Cranach d. Ä. hat in der nach ihm benannten Straße nie gewohnt und gearbeitet. Ein Besuch lohnt sich trotzdem, denn viele der Villen sind architektonisch interessant und haben eine spannende Geschichte. Der Spaziergang, der etwa 1 Stunde dauert, beginnt an der Westseite des Historischen Friedhofs, an der Ecke zum Theodor-Hagen-Weg.

Wer es sich leisten konnte, ließ sich Ende des 18., Anfang des 19. Jhs. in dieser ruhigen Gegend seinen Wohnsitz errichten, so auch der großherzogliche Hoflieferant Gustav Raumer. Ein Hingucker wurde das Haus mit der **Nummer 10**, weil Weimars angesehener Architekt Rudolf Zapfe es mit einer Jugendstilfassade schmückte. Deren aufwendige Stuckaturen machen das Gebäude zu einer der prächtigsten Villen Weimars. Sehenswert ist auch das Haus gegenüber mit der **Nummer 9**. Die florale Jugendstilornamentik an der Fassade stammt ebenfalls von Zapfe. Die Anregung hierzu lieferte aber vermutlich der Bauherr, der Naturwissenschaftler Josef Friedrich Nicolaus Bornmüller, der bis heute zu den wichtigsten deutschen Botanikern zählt.

Vorbei am Haus **Nummer 15**, in dem in der zweiten Etage von 1905 bis 1935 der Kunstsammler und Museumsdirektor Harry Graf Kessler wohnte, kommen Sie zum **Palais Dürckheim** mit der Hausnummer 47. Es entstand nach einem Entwurf des berühmten Henry van de Velde. Viele Jahre lang machten die Weimarer um den Prachtbau einen Bogen, denn bis zur Wende hatte hier die Staatssicherheit von Weimar ihren Sitz. Das beeindruckende Gebäude **Nummer 42**, das schräg gegenüber liegt, gehörte einst dem Schuhfabrikanten Georg Ludwig Ducké.

Zurück sollten Sie den Weg über die parallel verlaufende **Gutenbergstraße** nehmen. Im Haus **Nummer 16** wohnte von 1919 bis 25 der berühmte Bauhauskünstler Lyonel Feininger. Interessant ist auch das **Palais Henneberg → S. 51**, Hausnummer 1a, das ebenfalls von van de Velde entworfen wurde. Wenn Sie am Ende der Gutenbergstraße rechts in die **Windmühlenstraße** einbiegen, sehen Sie mit der Villa **Nummer 16** ein weiteres Werk von Rudolf Zapfe.

MIT KINDERN UNTERWEGS

GÄNSEMÄNNCHENSTADTRUNDGANG
Das Gänsemännchen ist vom Brunnen in der Schillerstraße heruntergestiegen und führt Kinder in einer kleinen Broschüre durch die Stadt. Erhältlich ist dieses Heft für Kinder in der Tourist-Information. Lustige Zeichnungen stellen 29 Sehenswürdigkeiten vor. Wie man hinfindet, ist auf kleinen Karten eingezeichnet. Einer der Wege führt zum Museum für Ur- und Frühgeschichte, wo eine Höhle aus der Steinzeit aufgebaut wurde. *Preis der Broschüre 2,50 Euro | Tourist-Information am Markt*

KINDERERLEBNISWELT ANDILLI
(U B1–2) (*b1–2*)
Andilli heißt der kleine Affe, der zum Maskottchen der Kindererlebniswelt im Einkaufszentrum Atrium avanciert ist. Spielen, toben, lachen, hüpfen, lernen – so haben es Kinder gern. Auf 1200 m² locken Kletterturm und Trampolin, Hüpfburg und Elektrokartbahn, Fußballplatz und Lerncomputer, ein Fahrsimulator und ein Pool aus Bällen. Verschiedene Veranstaltungen wie Basteln oder Disko nach Terminplan. *Mo–Fr 14–19, Sa 10–19, So 10–18, in den Ferien tgl. 10–19 Uhr | Eintritt Kinder 1–3 Jahre Mo–Fr 4, Sa/So 5, ab 4 Jahre Mo–Fr 5,* Sa/So 6,50 Euro, Begleitung 1 Euro | Friedensstr. 1 | Tel. 03643 90 63 66 | www.andilli-kindererlebniswelt.de

KLETTERWALD HOHENFELDEN
(118 C4) (*0*)
Netzbrücken, Affenschaukeln, Wackelbalken, Kletterwand, Tarzanseil und Winkelwege: Das alles zu bewältigen, kostet ein bisschen Überwindung. Ist aber der erste Schritt getan, macht es einen Riesenspaß, sich im Kletterwald Hohenfelden in bis zu 15 m Höhe von Baum zu Baum zu hangeln und Schritt für Schritt die fünf verschiedenen Parcours zu erobern. *April–Mitte Mai, Sept.–Anfang Okt. Di–So 10–19, Mitte Mai–Aug. tgl. 9.30–19.30 Uhr | Eintritt Erw. 15,50 Euro, Kinder 9,50 Euro | Am Stausee Hohenfelden (15 km von Weimar) | Tel. 0174 6 72 26 29 | www.kletterwald-hohenfelden.de*

PALAIS SCHARDT (U A3) (*a3*)
Wie Oma einst einkaufte, zeigt der **INSIDER TIPP** Tante-Emma-Laden mit seinen unzähligen Regalen und Schubkästen. Und der Bauernhof von 1920 lässt erahnen, wie hart das Dorfleben vor fast 100 Jahren war. Andere Puppenstuben geben Einblick in das frühere bürgerliche Familienleben. Hunderte

Von wegen Langeweile! Die Kulturstadt hält nicht nur für die Großen, sondern auch für die Kleinen viele Entdeckungen bereit

von Gegenständen aus vergangenen Tagen werden im Museum Palais Schardt gezeigt. *März–Okt. Di, Do–Sa 13–16, Nov.–Dez. Di, Fr, Sa 13–16, Jan./Feb. Fr/ Sa 13–16 Uhr | Eintritt Erw. 3,50 Euro, Kinder 6–12 Jahre 0,50 Euro | Scherfgasse 3 | im Palais Schardt | Tel. 03643 90 22 79 | www.goethepavillon.de*

STUDIOLO (U A4) (ஹ a4)
Wozu brauche ich Streusand, wenn ich mit Gänsekiel und Tinte schreibe? Was ist ein Schattenbild und wie gestalte ich eine Silhouette? Wie bastele ich einen Fächer und wie benutzten die Damen im 18. Jh. das Accessoire? Diese Fragen werden in der Werkstatt Studiolo der Klassik-Stiftung im Schillerhaus beantwortet. Kinder von 6 bis 12 Jahren sind zum Entdecken und Ausprobieren eingeladen. Auf spielerische Art wird so das Leben im klassischen Weimar lebendig. Viel Interessantes zum Thema hält auch die Internetseite *www.weimarpedia-kids.de* bereit. Übrigens: Für Kinder und Jugendliche bis 16 Jahre ist der Eintritt in die Museen der Klassik-Stiftung frei. *Fr 13–16, Sa, So 11–16 Uhr | Erw. 5 Euro, Kinder kostenfrei | Schillerstr. 12 | Tel. 03643 54 54 01 (Besucherinformation Klassik-Stiftung) | www.klassik-stiftung.de*

THÜRINGER ZOOPARK ERFURT
(118 B3) (ஹ 0)
Eine ganze Affenbande empfängt die Besucher auf dem Berberberg. Vorsicht ist angebracht, denn rasch angeln sich die Tiere etwas aus den Taschen der Zoobesucher. Mehr als 180 Tierarten tummeln sich in Thüringens größtem Tiergarten, zu dem auch ein großes Aquarium gehört. Ein Besuch im Zoo ist eine Reise um die Welt. Bei den Kleinen besonders beliebt: das Gehege der Westafrikanischen Zwergziegen, die regelrecht auf Streicheleinheiten warten. *April–Okt. tgl. 9–18, Nov.–Feb. 10–16, März 10–17 Uhr | Eintritt Erw. 7 Euro, Kinder 3,50 Euro, Familien 17,50 Euro | Zum Zoopark 8–19 | Erfurt | Tel. 0361 75 18 80 | www.zoopark-erfurt.de*

EVENTS, FESTE & MEHR

Was den Gästen in Weimar geboten wird, ist für eine Kleinstadt beachtlich. Das Kunstfest und der Zwiebelmarkt haben schon lange überregionale Bedeutung. Aber auch manch andere Veranstaltung ist für viele Anlass, nach Weimar zu reisen. Das Angebot reicht von Kleinkunst und Kabarett über Lesungen und Ausstellungen bis hin zum bunten Markttreiben. Den Abschluss des Veranstaltungsjahres bildet der Weihnachtsmarkt im Dezember. Die Fassade des Rathauses verwandelt sich dann in einen Adventskalender.

FEIERTAGE

1. Jan. *Neujahr; Karfreitag; Ostermontag;*
1. Mai *Tag der Arbeit; Christi Himmelfahrt; Pfingstmontag;* **3. Okt.** *Tag der Deutschen Einheit;* **31. Okt.** *Reformationstag;* **25./26. Dez.** *Weihnachten*

VERANSTALTUNGEN

MÄRZ/APRIL

▶ *Weimarer Reden:* Prominente sind zu Gast im Deutschen Nationaltheater.
▶ *Thüringer Bachwochen:* Mit Konzerten und Lesungen wird auch in Weimar an das Wirken Johann Sebastian Bachs erinnert. *www.thueringen-bachwochen.de*

MAI/JUNI

▶ *Köstritzer Spiegelzelt:* Roter Samt, altes Holz, viele Spiegel: Das Spiegelzelt auf dem Beethovenplatz wird für sechs Wochen zum Schauplatz für Musik-, Theater- und Kabarettveranstaltungen. *www.koestritzer-spiegelzelt.de*
▶ **INSIDER TIPP** *Festival Schloss Ettersburg:* Anspruchsvolle musikalische und literarische Veranstaltungen finden zu Pfingsten auf Schloss Ettersburg einen würdigen Rahmen. *www.schlossettersburg.de*
▶ *MDR-Musiksommer:* Regelmäßig finden Konzerte an außergewöhnlichen Orten, auch unter freiem Himmel, statt. *Juni–Aug. | www.mdr.de/musiksommer*

JULI/AUGUST

▶ *Bach-Biennale Weimar:* Alle zwei Jahre findet das einwöchige Bachfestival als Reverenz an den großen Komponisten statt (wieder 2012). Gespielt wird auf originalen Instrumenten an originalen Orten. *www.bachbiennaleweimar.de*
▶ **INSIDER TIPP** *Yiddish Summer Weimar:* Konzerte und Performances, Workshops und eine Ausstellung bieten vier Wochen lang die Möglichkeit, sich intensiv mit jiddisch-jüdischer Kultur zu beschäftigen. *www.yiddishsummer-weimar.de*

Klassik und Jazz, Weinfest und bunte Märkte – wenn die Weimarer musizieren und feiern, ist für jeden Besucher der Stadt etwas dabei

AUGUST/SEPTEMBER

▶ ⭐ *„Pèlerinages" – Kunstfest Weimar:* Im Mittelpunkt des überregional bekannten Festivals, das jedes Jahr einem anderen Thema gewidmet ist, stehen die Musik und die ideelle Leitfigur Franz Liszt. Seit 2004 ist Nike Wagner künstlerische Leiterin des Kunstfests, das sich in erster Linie als Musikfest versteht. Auf dem Programm stehen aber auch Theater, Tanz, Literatur, Ausstellungen und Kino. *www. kunstfest-weimar.de*

▶ *Weinfest zum Goethegeburtstag:* Rund um den 28. August, den Geburtstag des Dichters, findet das Volksfest auf dem Frauenplan statt.

SEPTEMBER

▶ *Töpfermarkt:* Buntes Markttreiben und Verkaufsschau von Keramikern aus ganz Thüringen. *Erstes Wochenende*

SEPTEMBER–NOVEMBER

▶ *Jazzmeile Thüringen:* Bekannte und unbekannte Formationen kommen zur Jazzmeile nach Thüringen und spielen auch in Weimar in großen und kleinen Räumen. *www.jazzmeile.org*

OKTOBER

▶ ⭐ ● *Weimarer Zwiebelmarkt:* Eines der größten Volksfeste in ganz Thüringen, dessen Wurzeln tief ins Mittelalter reichen. Kunstvoll geflochtene Zwiebelzöpfe in allen Größen und Varianten sind das prägende Symbol des Markts. Zum Treiben gehören auch Theater, Musik, Schausteller, Varieté und die Krönung der Zwiebelmarktkönigin. *Zweites Wochenende | www.weimar.de/zwiebelmarkt*

DEZEMBER

▶ *Weihnachtsmarkt:* Kunsthandwerker und Glasbläser aus Thüringen, Christbaumschmuck aus dem Thüringer Wald und Thüringer Spezialitäten – all das und mehr finden Sie auf dem Weihnachtsmarkt, der sich in der Innenstadt vom Theaterplatz über die Schillerstraße bis zum Marktplatz erstreckt.

ICH WAR SCHON DA!

Drei User aus der MARCO POLO Community verraten ihre Lieblingsplätze und ihre schönsten Erlebnisse

SCHWARZBIERHAUS

Wer sich in Weimar mit Thüringer Spezialitäten verwöhnen lassen möchte, ist im Köstritzer Schwarzbierhaus *(www.koestritzer-schwarzbierhaus-weimar.de)* gut aufgehoben. Da wir die gutbürgerliche Küche bevorzugen, waren wir hier häufig essen. Das Schwarzbierhaus ist übrigens nicht nur Restaurant, sondern auch Pension – für uns definitiv eine Option für die Übernachtung bei unserem nächsten Weimarbesuch! Dank seiner Lage inmitten des historischen Zentrums ist das Haus ein idealer Ausgangspunkt, um zu den interessanten Sehenswürdigkeiten der Stadt zu gelangen! **SophiaK aus Jena**

STADTSCHLOSS

Wir verbrachten unseren Weimaraufenthalt im zentral gelegenen Hotel am Stadtpark. Nicht weit entfernt ist z. B. das Stadtschloss. Wer sich für die kulturelle Seite Weimars interessiert, sollte unbedingt einen Besuch einplanen. Hier finden neben interessanten Ausstellungen auch regelmäßig Konzerte statt. **TN2000 aus Kürnach**

RESTAURANT CHARLOTTE

Nach der Besichtigung des Bauhaus-Museums am Theaterplatz suchten wir ein romantisches Restaurant. Fündig wurden wir direkt neben dem Haus der Frau von Stein: Im kleinen, aber feinen Restaurant Charlotte ließen wir unseren Kulturtag in Weimar stilvoll ausklingen. **ReiseResi aus Kornwestheim**

Haben auch Sie etwas Besonderes erlebt oder einen Lieblingsplatz gefunden, den nicht jeder kennt? Gehen Sie einfach auf www.marcopolo.de/mein-tipp

LINKS, BLOGS, APPS & MORE

LINKS

▶ www.weimarboulevard.de Die vielen Fotos, Stadtspaziergänge und Videos sind ansprechend eingebettet. Ein wohltuender Kontrast zu gängigen Websites

▶ www.weimar-direkt.de Umfangreich und übersichtlich: Das Stadtportal bietet umfassende und in Kleinarbeit zusammengetragene Informationen zu Weimar, zur Stadtgeschichte und zum aktuellen Geschehen

▶ www.goethezeitportal.de Wenn Sie etwas mehr über Herrn Goethe sowie Kunst und Kultur der Goethezeit wissen möchten, dann ist diese Seite eine wahre Fundgrube: Die Informationen sind wissenschaftlich aufbereitet und leicht verständlich dargestellt

▶ www.marcopolo.de/weimar Alles auf einen Blick zu Ihrem Reiseziel: Interaktive Karten inklusive Planungsfunktion, Impressionen aus der Community, aktuelle News und Angebote ...

NETWORK

▶ www.facebook.com/Kulturstadt.Weimar Treten Sie mit den Touristikern der Stadt Weimar in Kontakt. Hier erfahren Sie Neuigkeiten aus Weimar zuerst, informieren sich über Veranstaltungen und können Ihre Erfahrungen mitteilen

▶ www.facebook.com/thueringen.tourismus.de Schauen Sie schnell mal rein bevor es in den Urlaub nach Thüringen geht. Thüringen-Tourismus verbreitet hier Neuigkeiten, und die Gäste geben fleißig ihre Kommentare ab

▶ www.facebook.com/kulturarena.jena Gibt es noch Tickets? Wer tritt heute abend auf? Hier werden Sie immer gut informiert über die Veranstaltungen der Kulturarena Jena

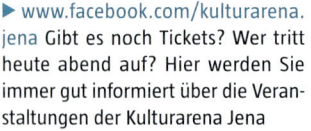

▶ www.jenapolis Das Informationsportal zum Mitmachen für die Einwohner von Weimar, Erfurt und Jena. Auch für Gäste ist die Seite eine Fundgrube: Hier erfahren Sie, was so los ist in Thüringen

VIDEOS, STREAMS & PODCASTS

▶ www.tlm-funkwerk.de Der „Sende-selber-Sender" ist Thüringens offener Hörfunkkanal und bietet Radio zum Mitmachen. Heraus kommt ein bunt gemischtes und abwechslungsreiches Programm für alle Altersstufen, denn es beteiligen sich 14-Jährige genauso wie Senioren. Das Programm können Sie live im Stream verfolgen. Oder Sie abonnieren einfach den Podcast

▶ salve-tv.net Der regionale Fernseh-sender für Weimar und Apolda bietet Nachrichten sowie Sendungen zu Kunst, Kultur, Unterhaltung und regionalen Themen als Podcast an

▶ www.thueringen-tourismus.tv Hier finden Sie interessante Videobeiträge zu touristischen Zielen, Veranstaltungen und Aktuellem in der Region. Sie können auch einen Podcast abonnieren

BLOGS

▶ www.nationaltheaterblog.de Werfen Sie einen Blick hinter die Kulissen des Deutschen Nationaltheaters. Sie sind hautnah dran bei neuen Produktionen, und Sie schauen den Mitarbeitern über die Schulter

▶ www.weimar-fremdenverkehrsverein.de Der Fremdenverkehrsverein Weimar informiert in seinem Blog über die touristischen Neuigkeiten in der Stadt

▶ www.thueringerblogzentrale.de Infos und Meinungen zu politischen Themen sowie zu Kunst und Kultur finden sich in diesem professionell aufgebauten Blog

APPS

▶ Thüringen-App Die iPad-App zum Thema Musik in Thüringen ist toll gestaltet. Sie enthält Hörbeispiele von Johann Sebastian Bach bis Normann Sinn, Franz Liszt bis Clueso, nützliche Infos und unterhaltsame Tipps, Musikvideos und Diashows. Ihre persönlichen Reiseempfehlungen verraten Prof. Wolfram Huschke von der Hochschule für Musik Weimar und Jörg Hansen vom Bachhaus Eisenach

▶ Stadtplandienst Weimar Fast wie ein gedruckter Stadtplan: Die kleine App für das Android-Handy bietet eine detailgetreue Karte in mehreren Zoomstufen und eine schnelle Suchfunktion für Hausnummern und Straßenabschnitte. Zusätzlich können Sie sich über POIs *(points of interest)* informieren

PRAKTISCHE HINWEISE

ANREISE

🚗 Von Osten und von Westen erreichen Sie die Stadt am günstigsten über die A 4. Wer aus dem Süden oder dem Norden kommt, fährt auf der A 9 bis zum Hermsdorfer Kreuz und von dort weiter auf der A 4. Von der Autobahn-Anschlussstelle Weimar sind es auf der B 85 lediglich 5 km bis zur Stadt. Das grün-weiße Hotelleitsystem führt Sie zur ausgewählten Unterkunft.

🚆 Weimar liegt zwar an der ICE-Strecke Frankfurt/Main–Leipzig–Dresden, doch die meisten ICE halten hier nicht mehr. Sie müssen in Erfurt aussteigen und dann mit der Regionalbahn bis Weimar fahren. Von Berlin besteht morgens und abends eine durchgehende IC-Verbindung. Aus dem Südwesten ist die An- und Abreise mit dem modernen Nachtreisezug „Semper" der City-Night-Line angenehm und zu empfehlen. Ab Zürich geht es mit Zustiegen in Basel, Freiburg, Offenburg, Karlsruhe, Mannheim und Frankfurt/Main nach Erfurt und Weimar. Der Hauptbahnhof liegt am nördlichen Rand des Stadtzentrums. Von dort fahren die Buslinien 1, 2, 3A, 3B, 5, 6, 7 und 8 ab. Taxis stehen immer bereit.

🚌 Von Berlin fahren zweimal täglich Fernbusse im Linienverkehr in die Klassikerstadt. Sie steigen am ZOB am Funkturm ein, in Weimar ist am Busbahnhof an der katholischen Kirche Endstation der knapp vierstündigen Fahrt. Vom Leipziger Flughafen (Terminal A, Parkplatz P3) fährt einmal am Tag ein Bus, der ebenfalls am Busbahnhof an der katholischen Kirche hält. *www.berlinlinienbus.de*

✈ Der nächstgelegene Flughafen trägt zwar den Namen Erfurt-Weimar, befindet sich aber in der 25 km entfernten Landeshauptstadt Erfurt. *www.flughafen-erfurt-weimar.de*

GRÜN & FAIR REISEN

Auf Reisen können auch Sie mit einfachen Mitteln viel bewirken. Behalten Sie nicht nur die CO_2-Bilanz für Hin- und Rückflug im Hinterkopf *(www.atmosfair.de)*, sondern achten und schützen Sie auch nachhaltig Natur und Kultur im Reiseland *(www.gate-tourismus.de; www.zukunft-reisen.de; www.ecotrans.de)*. Gerade als Tourist ist es wichtig, auf Aspekte zu achten wie Naturschutz *(www.nabu.de; www.wwf.de)*, regionale Produkte, Fahrradfahren (statt Autofahren), Wassersparen und vieles mehr. Wenn Sie mehr über ökologischen Tourismus erfahren wollen: europaweit *www.oete.de*; weltweit *www.germanwatch.org*

AUSKUNFT

TOURIST-INFORMATION WEIMAR
(U B4) (🗺 b4) Auskünfte, Stadtführungen, Versand von Informationsmaterial, Vermittlung von Hotel-, Pensions- und Privatzimmern, Veranstaltungsinformationen und Ticketverkauf für Museen und das Deutsche Nationaltheater sowie für Veranstaltungen in Weimar und Thüringen. *April–Okt. Mo–Sa 9.30–19, So 9.30–15, Nov.–März Mo–Fr 9.30–18, Sa/*

Von Anreise bis Wetter

Urlaub von Anfang bis Ende: die wichtigsten Adressen und Informationen für Ihre Weimarreise

So 9.30–14 Uhr | Markt 10 | 99423 Weimar | Tel. 03643 74 50 | www.weimar.de Filiale im Welcome Center des Einkaufszentrums Atrium *(U B1–2) (₪ b1–2): Mo–Sa 10–18 Uhr*

GÄSTEINFORMATION WEIMARER LAND

(U B4) (₪ b4) Informationen zur Region. *Geöffnet wie Tourist-Information Weimar | Markt 10 | Tel. 03643 74 54 33; Geschäftsstelle: Bahnhofstr. 28 | 99510 Apolda | www.im-weimarer-land.de*

BESUCHERINFORMATION KLASSIK-STIFTUNG WEIMAR

(U B4) (₪ b4) Auskünfte, Organisation von Führungen, Museumsgespräche, Vorträge. *Markt 10 (in der Tourist-Information) | Tel. 03643 54 54 07 | geöffnet wie Tourist-Information; Frauentorstr. 4 | Tel. 03643 54 54 00, | Mo–Fr 9–16 Uhr | www.klassik-stiftung.de*

BUCHENWALD-INFORMATION

(U B4) (₪ b4) Informationen zur Gedenkstätte Buchenwald, Führungen. *Markt 10 (in der Tourist-Information) | geöffnet wie Tourist-Information | Tel. 03643 74 75 40 | www.buchenwald.info*

FUNDBÜRO

STÄDTISCHES FUNDBÜRO

(114 A4) (₪ G4) Schwanseestr. 17 | Tel. 03643 7 62 89 91

KULTURFÖRDERABGABE

Unter diesem wohlklingenden Namen beteiligt die Stadt Weimar die Touristen an der Haushaltssanierung. In Beherbergungsbetrieben bis 49 Zimmer sind pro Person und Nacht im Einzelzimmer 1 Euro und im Doppelzimmer 0,75 Euro zu zahlen. In größeren Hotels sind die Gebühren jeweils doppelt so hoch. Alle

WAS KOSTET WIE VIEL?

Kaffee	**Ca. 4 Euro** *für ein Kännchen*
Museum	**5 Euro** *Eintritt für die Besichtigung von Schillers Wohnhaus*
Fahrrad	**6–9 Euro** *Miete für einen Tag je nach Fahrradtyp*
Rostbratwurst	**2 Euro** *auf dem Marktplatz*
Busfahrt	**1,80 Euro** *für eine Einzelfahrt*
Stadtführung	**7 Euro** *für einen Erwachsenen*

Museen und Schlösser verlangen zusätzlich zum Eintritt 0,50 Euro, auch für kulturelle Veranstaltungen müssen Sie eine Zulage von 0,50 Euro zahlen.

LEIHFAHRRÄDER

Fahrräder können Sie bei folgenden Anbietern ausleihen: *Grüne Liga (U A3) (₪ a3) | Goetheplatz 9b (Eingang Rollplatz im Hof) | Tel. 03643 49 27 96 | www.grueneliga.de/thueringen/weimar; Leonardo Hotel (116 A1) (₪ J6) | Belvederer Allee 25 | Tel. 03643 72 20 | www.leonardo-hotels.com; Dorint am*

Goethepark (U B5) (𝄞 b5) | Beethoven-platz 2 | Tel. 03643 82 70 | www.dorint. com/weimar. Geführte Radtouren durch Weimar und Umgebung, entlang des Ilmtalradwegs und der Feininger-Route bietet die Tourist-Information an.

NOTRUFE

Polizei: Tel. 110
Feuerwehr: Tel. 112
Über den Bereitschaftsdienst der Apotheken und Zahnärzte informiert täglich die lokale Presse.

ÖFFENTLICHE VERKEHRSMITTEL

Weimar hat ein gutes Busnetz. Fahrscheine *(1,80 Euro)* und Einzelabschnitte der Vier-Fahrten-Karte *(5,90 Euro)* sind eine Stunde gültig und erlauben das beliebige Umsteigen in Fahrtrichtung. Für Vielfahrer lohnt eine Tageskarte *(4,20 Euro)*. Informationen bei der Stadtwirtschaft Weimar | Tel. 03643 43 41 70 | www.sw-weimar.de

ÖFFNUNGSZEITEN

Wer bei den Restaurants sichergehen möchte, ob geöffnet ist, sollte sich telefonisch erkundigen. Kleinere Restaurants haben, vor allem im Winter, oftmals einen Ruhetag. Die meisten Museen, so auch die Wohnhäuser Goethes und Schillers, haben montags geschlossen. In den Museen erfolgt der letzte Einlass 30 Minuten vor der genannten Schließung. Die meisten Geschäfte öffnen Montag bis Samstag zwischen 9 und 10 Uhr. Sie schließen Montag bis Freitag zwischen 19 und 20 Uhr sowie Samstag zwischen 14 und 20 Uhr.

WETTER IN WEIMAR

	Jan.	Feb.	März	April	Mai	Juni	Juli	Aug.	Sept.	Okt.	Nov.	Dez.
Tagestemperaturen in °C	2	3	8	14	19	22	24	24	20	14	8	4
Nachttemperaturen in °C	−3	−3	0	4	8	11	13	13	10	6	2	−1
Sonnenschein Stunden/Tag	2	3	5	6	7	8	7	6	6	3	2	2
Niederschlag Tage/Monat	17	15	13	14	13	13	14	13	12	14	16	15

PARKPLÄTZE

In der Innenstadt ist das Parken problematisch. Es empfiehlt sich, den kostenfreien Großparkplatz an der Marcel-Paul-Straße (114 A2) (🗺 G3) zu nutzen. Kostenfrei für PKW ist ebenfalls der Parkplatz Hermann-Brill-Platz (114 A4) (🗺 G4). Kostenpflichtig sind die Parkplätze am Friedhof, Berkaer Straße (114 B6) (🗺 H6), bei der Weimarhalle und Bertuchstraße (U A2) (🗺 a2). Parkhäuser gibt es am Beethovenplatz (U B5) (🗺 b5), am Atrium (U B1–2) (🗺 b1–2), an der Hauptpost (U A3) (🗺 a3) und bei der Weimarhalle (U A2) (🗺 a2). An den Stadteingängen beginnt das Parkleitsystem.

STADTFÜHRUNGEN

Stadtführungen werden in Weimar meist zu Fuß durchgeführt. Für Einzeltouristen gibt es Führungen ohne Voranmeldung (*März–Okt. tgl. 10 und 14 Uhr, Sa auch 16 Uhr, Nov.–Feb. tgl. 11 Uhr | Dauer etwa 2 Std.*). Neben den Standard- werden auch thematische Führungen angeboten, so zur Geschichte des Bauhauses. Unterhaltsam sind die Kostümführungen, z. B. der **INSIDER TIPP** *„Abendliche Spaziergang mit dem Weimarer Nachtwächter"* (*Mai–Okt. Fr 21 Uhr*), bei dem Sie Anekdoten und Witziges, aber auch Berichte über schaurige Begebenheiten zu hören bekommen. Treffpunkt für alle Führungen ist die Tourist-Information.
Der ● **INSIDER TIPP** *Belvedere-Express* (*Tickets in der Tourist-Information | www.belvedere-express.de*), die Replik eines Talbot von 1925, fährt mehrmals am Tag zu den Sehenswürdigkeiten der Stadt und nach Belvedere, sonntags auch zum Haus am Horn und nach Tiefurt. Dort finden jeweils kurze Führungen statt. Im Bus wird ein Film mit Erläuterungen zu den Stationen gezeigt. Die Touren starten auf dem Marktplatz vor dem Hotel Elephant.
Eine multimediale Stadtführung bietet der I-Guide. Per Minicomputer können 30 Sehenswürdigkeiten der Stadt auf eigene Faust erkundet werden. Verleih in der Tourist-Information (*Markt 10*) und im Welcome Center (*Friedensstr. 1*).
Für Romantiker ein Muss: Weimar in der ● *Pferdekutsche* entdecken. Von Mai bis Oktober stehen täglich am Hotel Elephant (*Markt 19*) und gegenüber dem Goethehaus am Frauenplan Kutschen für Stadtrundfahrten bereit. Näheres erfahren Sie auch in der Tourist-Information.

TAXI

Wie überall ruft man auch in Weimar in Hotels und Restaurants gern ein Taxi für Sie. Wer das selbst tun möchte, wählt *Tel. 03643 90 36 00* oder *Tel. 03643 5 95 55*. Taxistände gibt es u. a. am Theaterplatz (U A4) (🗺 a4), am Goetheplatz (U A3) (🗺 a3) und am Hauptbahnhof (114 B2) (🗺 H3).

TELEFON & HANDY

Vorwahl Weimar: 03643
In den nur noch wenigen öffentlichen Telefonzellen gibt es meist Kartentelefone. Handybesitzer haben in allen Netzen guten Empfang.

VERANSTALTUNGEN

Zweimonatlich erscheint ein Veranstaltungskalender, der bei der Tourist-Information, aber auch in Hotels zu haben ist. Sechsmal im Jahr kommt das anspruchsvolle *Kultur-Journal Mittelthüringen* für Weimar, Erfurt, Jena und Apolda heraus. Es kostet 3,50 Euro (*www.kulturjournal-online.de*).

CITYATLAS

Die grüne Linie ▬▬ **zeichnet den Verlauf der Stadtspaziergänge nach**

**Der Gesamtverlauf dieser Spaziergänge ist auch in
der herausnehmbaren Faltkarte eingetragen**

Bild: Belvedere-Express

Unterwegs in Weimar

Die Seiteneinteilung für den Cityatlas finden Sie
auf dem hinteren Umschlag dieses Reiseführers

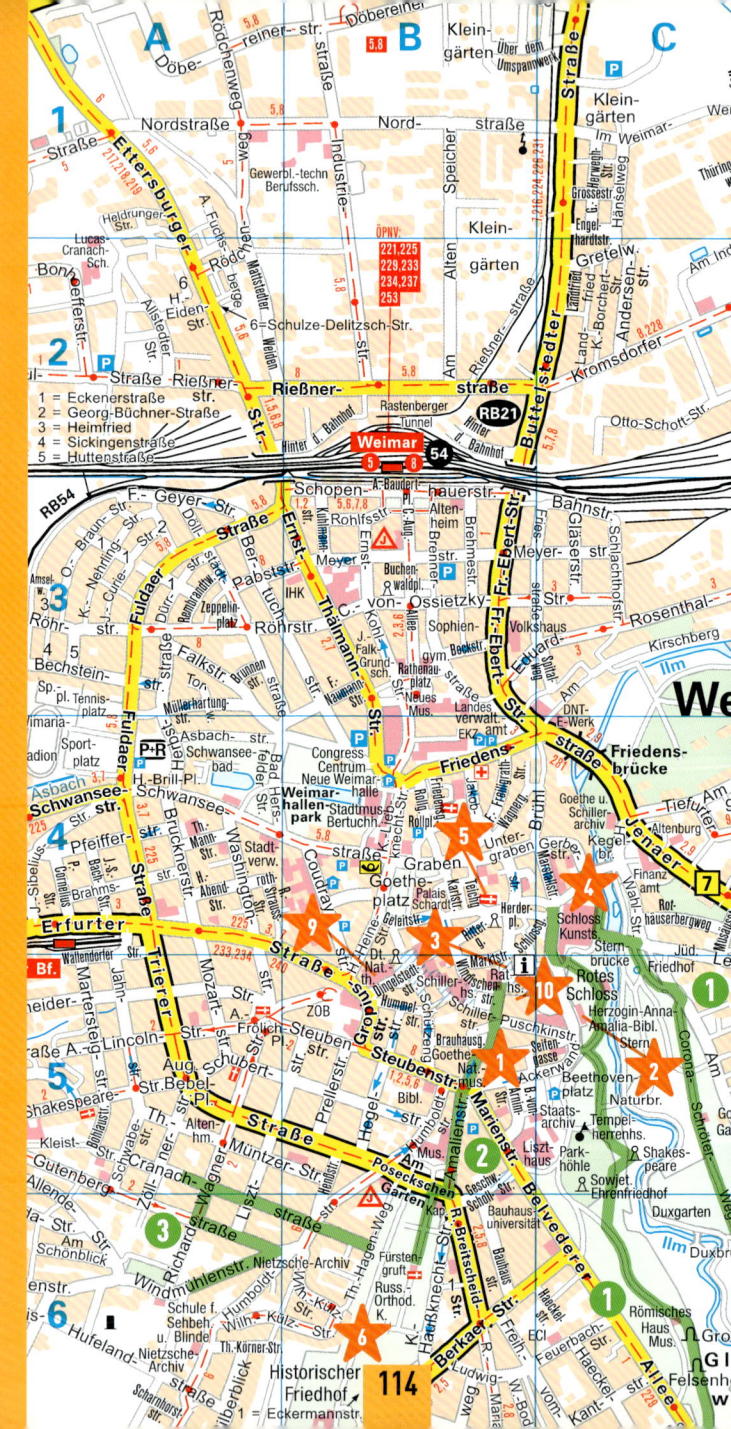

renbacher
Hütte

8

Dürrenbacher-Hütte

Thüringer Bahn

RB20, RB22A

Langer

234
Steinberg

Dürrer Bach

An
der
Leite

Weg

Ilmhang

Friedhof

1 = An der Kirche

Schafbr.

Tiefurter

Mus.   Musentempel
Schloss
Tiefurt
Park
Mus.

Hauptstraße

1
1

3

P Tee-
salon

Gelbe
Brücke

3

Kleingärten

Str.

Blum-

Denstedter

Straße

Am

Rosenthal-

Straße

Am

Klär-
anlage

Ilm

Tiefurt

Umspannwerk

3

Eduard-

Keltenweg

Am Viadukt

Garten-

Am Viadukt

Kleinwegärten

Ilmblick

Karolinenpromenade

Robert-

Holzlandbahn

Karolinenpromenade

Allee

Tiefurter

Fasanerie

9 = Überm Schießhaus
10 = Otto-Bartning-Straße
11 = Wilhelm-Wagenfeld-Straße
12 = Georg-Muche-Platz
13 = Gunta-Stölzl-Straße
14 = Carl-Alexander-Platz

Im Webicht

Klauer-
Weg
weg

elter-
weg

Webicht

W e b i c h t

Lindenberg

278
Lindenberg

raße

Ilm

Lindenberg

9,281

1

Am

1=Lindenberg

Lindenberg

P

Baumschulen

Bodelschwingh-

Kleingärten

Albrecht-Dürer-Str.

Waldschlöß-

**Sportplatz
Lindenberg**

Sportplatz

1 = Marlene-Dietrich-Straße
2 = Am Wäldchen
3 = Berggarten
4 = Franz-Bunke-Weg
5 = Stieg
6 = Schmaler Weg
7 = Kurzer Weg
8 = Buchholzgasse
9 = Wilhelm-Raabe-Str.

Str.

Sp.-
pl.

Grund-
schule

chen

Kleingärten

Ibsenstraße

Kellerstr.

Lenaustr.

weg

G.-

R.-Dehmel-Str.

M.-Luther-Str.

Holzlandbahn

300m

ten

P

P

2

Victor-

weg

A.-Holz-

Straße

W.-J.-Schlaf-

W.-

Str.

bach

straße

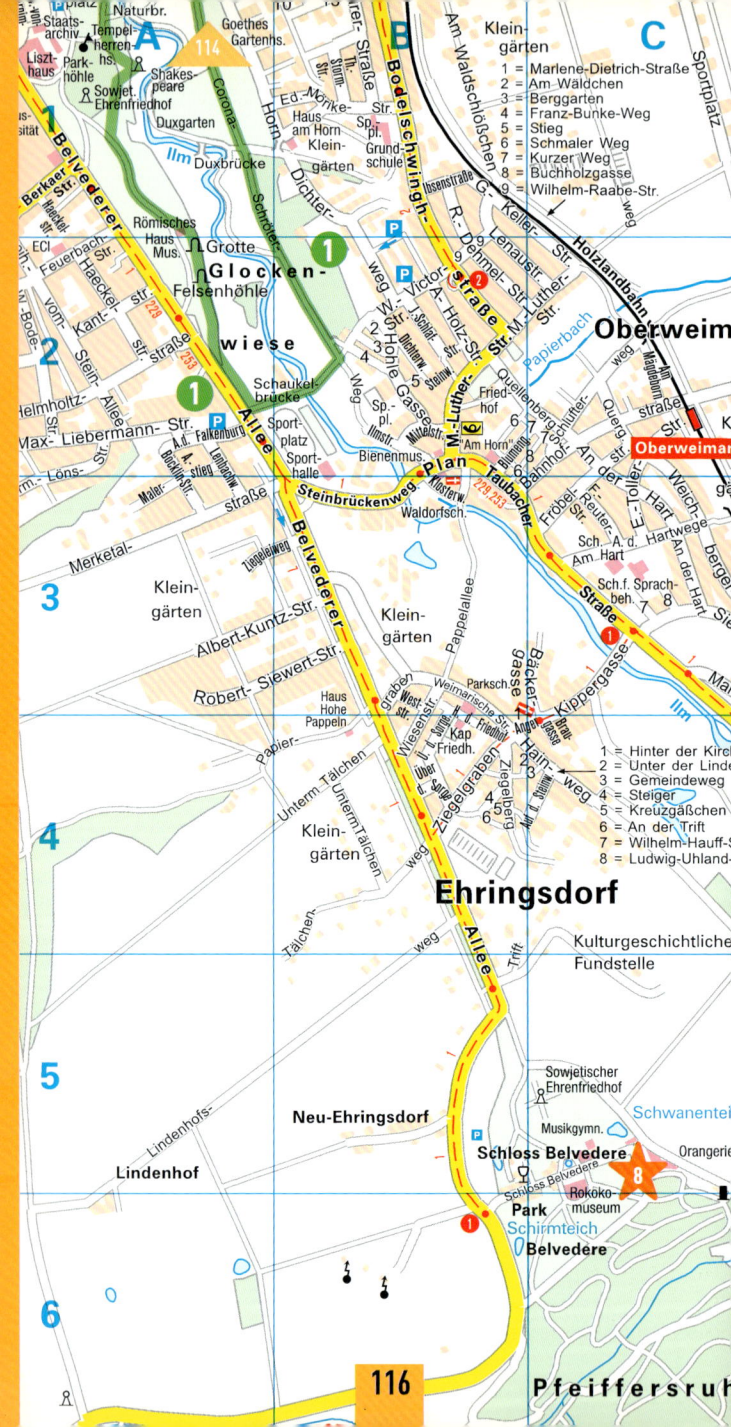

Das Register enthält eine Auswahl der im Cityatlas dargestellten Straßen und Plätze

KARTENLEGENDE

7	Autobahn mit Nummer / Motorway with number / Autoroute avec numéro
5	Nummer der Autobahnanschlussstelle / Motorway junction number / Numéro d'echangeur d'autoroute
12	Schnellstraße/ Bundesstraße / Expressway/ Federal road / Route express/ Route nationale
	Durchgangsstraße / Main through road / Grande route
	Übrige Straßen/ Weg / Other roads/ Footpath / Autres routes/ Sentier
	Straßen in Bau/ Planung / Roads under construction/ projected / Routes en construction/ en projet
	Fußgängerzone/ Einbahnstraße / Pedestrian zone/ One-way street / Zone piétonnière/ Rue à sens unique
	Stadt- und Gemeindegrenze / Town and communal boundary / Limite de ville et commune
	Umweltzone / Environmental zone / Zone environnement
	Eisenbahn mit Bahnhof / Railway with station / Voie ferrée avec gare
	Güter- und Industriebahn / Freight and industrial railway / Voie ferrée de marchandise et industrielle
S3	S-Bahn mit Nummer und Station / Rapid transit train with number and station / Train en trafic suburbain avec numéro et gare
U6	U-Bahn/ Stadtbahn / Underground/ Light Rail / Métro/ Métro Léger
8 / 698	Bus/ Straßenbahn mit Endhaltestelle / Bus/ Tramway with terminus / Autobus/ Tramway avec terminus
P	Parkplatz/ Parkhaus/ Tiefgarage / Car park/ Parking house/ Underground car park / Parking/ Garage/ Parking souterrain
P+R	Park+Ride/ Parkleitsystem / Park+Ride/ Parking control system / Park+Ride/ Système de signalisation
	Stadtspaziergänge / Walking tours / Promenades en ville

	Hallenbad / Indoor swimming pool / Piscine couverte
	Kirche / Church / Église
	Krankenhaus / Hospital / Hôpital
	Campingplatz/ Jugendherberge / Camping site/ Youth hostel / Camping/ Auberge de jeunesse
	Post / Post office / Bureau de poste
	Försterei / Forester's lodge / Maison forestière
	Einzelne Bäume / Isolated trees / Arbres isolés
	Wirtshaus/ Ausflugslokal / Inn/ Excursion-Inn / Auberge/ Café-Restaurant
	Sendeanlage/ Leuchtturm / Transmitting station/ Lighthouse / Station d'émission/ Phare
	Denkmal/ Turm / Monument/ Tower / Monument/ Tour
	Windmühle/ Windrad / Windmill/ Windpower / Moulin à vent/ Éolienne
i	Tourist-Information / Tourist information center / Syndicat d'initiative
K B	Konsulat/ Botschaft / Consulate/ Embassy / Consulat/ Ambassade
	Wald/ Park, Friedhof / Forest/ Park, Cemetery / Fôret/ Parc, Cimetière
	Weinberg / Vineyard / Vignoble
	Heide/ Moor, Sumpf / Heath/ Marsh, Swamp / Lande/ Marais, Marécage
	MARCO POLO Highlights

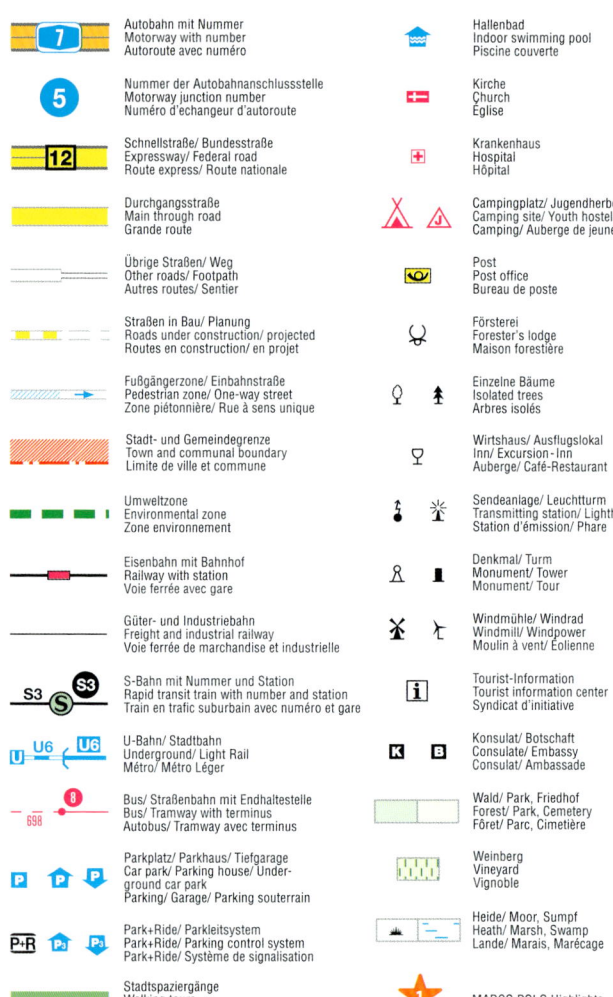

ALLE **MARCO POLO** REISEFÜHRER

REGISTER

In diesem Register sind alle im Reiseführer erwähnten Sehenswürdigkeiten und Ausflugsziele sowie einige wichtige Straßen, Plätze und Persönlichkeiten aufgeführt. Gefettete Seitenzahlen verweisen auf den Haupteintrag.

SCHREIBEN SIE UNS!

SMS-Hotline: 0163 6 39 50 20

Egal, was Ihnen Tolles im Urlaub begegnet oder Ihnen auf der Seele brennt, lassen Sie es uns wissen! Ob Lob, Kritik oder Ihr ganz persönlicher Tipp – die MARCO POLO Redaktion freut sich auf Ihre Infos.

Wir setzen alles dran, Ihnen möglichst aktuelle Informationen mit auf die Reise zu geben. Dennoch schleichen sich manchmal Fehler ein – trotz gründ-

E-Mail: info@marcopolo.de

licher Recherche unserer Autoren/innen. Sie haben sicherlich Verständnis, dass der Verlag dafür keine Haftung übernehmen kann. Kontaktieren Sie uns per SMS, E-Mail oder Post!

MARCO POLO Redaktion
MAIRDUMONT
Postfach 31 51
73751 Ostfildern

IMPRESSUM

Titelbild: Huber: Lubenow (Goethe-Schiller-Denkmal); Getty Images: Westend61 (Eichenblätter)
Fotos: Christian Dettler (16 u.); DuMont Bildarchiv: Kiedrowski (102), Lubenow (100, 100/101, 101, 103); Energietankstelle: Hamish John Appleby (16 o.); Ernährungsstudio Erfurt: Sandra Wiechmann (17 u.); R. Freyer (2 ., 38, 42/43, 58/59, 94/95, 98); Galerie Eigenheim: Konstantin Bayer (17 o.); Getty Images: Westend61 (1 .); Huber: Lubenow (1 o.), Szyszka (76); F. Ihlow (89); G. Jung (12/13, 20); Laif: Babovic (36, 93), Babovic/Klassik Stiftung Weimar/2005 (45), Zahn (79); Look: H. & D. Zielske/Klassik Stiftung Weimar/2010 (33); mauritius images: Alamy (4), Stengert (Klappe r., 73); mauritius images/imagebroker: Becker (51); T. Stankiewicz (Klappe , 2 o., 2 M. o., 2 M. u., 3 o., 3 M., 3 u., 5, 6, 7, 8, 9, 10/11, 15, 18/19, 22, 24 l., 24 r., 25, 26/27, 30, 35, 40, 46, 8, 52, 60, 62, 64 l., 64 r., 65, 66/67, 69, 70/71, 74/75, 80/81, 82, 85, 86/87, 96, 106 o., 106 u., 107, 112/113); Transit-Archiv: Jehnichen (91); Weimar GmbH: Maik Schuck (55, 57, 102/103); B. Wurlitzer (1 u.); K. Sucher (1 u.); Die Zwillingsnadeln: Leonar Varso (16 M.)

4. Auflage 2012
komplett überarbeitet und neu gestaltet
© MAIRDUMONT GmbH & Co. KG, Ostfildern
Chefredaktion: Michaela Lienemann (Konzept, Chefin vom Dienst), Marion Zorn (Konzept, Textchefin)
Autoren: Kerstin Sucher, Bernd Wurlitzer; Redaktion: Felix Wolf
Verlagsredaktion: Anita Dahllinger, Ann-Katrin Kutzner, Nikolai Michaelis
Bildredaktion: Gabriele Forst, Stefan Scholtz
Im Trend: wunder media, München; Kartografie Reiseatlas: © MAIRDUMONT, Ostfildern;
Kartografie Faltkarte: © MAIRDUMONT, Ostfildern
Innengestaltung: milchhof: atelier, Berlin; Titel, S. 1, Titel Faltkarte: factor product münchen
Das Werk einschließlich aller seiner Teile ist urheberrechtlich geschützt. Jede urheberrechtsrelevante Verwertung ist ohne Zustimmung des Verlags unzulässig und strafbar. Das gilt insbesondere für Vervielfältigungen, Übersetzungen, Nachahmungen, Mikroverfilmungen und die Einspeicherung und Verarbeitung in elektronischen Systemen.
Printed in Germany. Gedruckt auf 100% chlorfrei gebleichtem Papier

BLOSS NICHT

Ein paar Dinge, die Sie in Weimar beachten sollten

DIE GEDULD VERLIEREN

Mai und Juni, September und Oktober sind für den Städtetourismus die beliebtesten Monate. Da kann es passieren, dass Ihnen in Goethes oder Schillers Wohnhaus und in Goethes Gartenhaus im Ilmpark nicht gleich Eintritt gewährt wird. Geduld und Verständnis sind angebracht, denn aus konservatorischen Gründen ist die tägliche Besucherzahl limitiert. Am Montag haben auch in Weimar viele Museen geschlossen.

MUNDARTEN VERWECHSELN

Einen eigenen Thüringer Dialekt gibt es nicht, „in Düringe schwoatzt fast jeder anersd". In der Gegend von Weimar wird die Sprechweise weich, das k zum g, p zum b. Verwechseln Sie diese Sprechweise bloß nicht mit dem Sächsischen. Und unterlassen Sie es auch, wie die Einheimischen sprechen zu wollen, Sie machen sich nur lächerlich.

WARME KLEIDUNG VERGESSEN

In der Parkhöhle beträgt das ganze Jahr über die Temperatur meist nur 9 Grad. Deshalb an warmen Sommertagen bloß nicht im Sommerlook in das 12 m unter dem Ilmpark liegende Stollensystem steigen. Festes Schuhwerk ist ebenfalls angebracht. Pullover oder Jacke sollten Sie auch zum Besuch der Gedenkstätte Buchenwald mitnehmen, denn auf dem Ettersberg pfeift meist ein kühler Wind, der einen unerwartet schnell frieren lässt.

KETCHUP NEHMEN

Wer am Bratwurststand zum Ketchup greift oder danach verlangt, outet sich als Zugereister. Traditionell wird die Thüringer Bratwurst mit Senf gegessen. Erst seit der Einheit steht neben der Senf- auch die Ketchupflasche.

DIE PARKORDNUNG MISSACHTEN

Die Parks der Klassik-Stiftung sind geschützte Gartenkunstwerke. Deshalb ist das Radfahren nur auf ausgewiesenen Strecken gestattet und das Betreten der Wiesen verboten. Grobe Verstöße werden mit Bußgeldern geahndet.

UNACHTSAM SEIN

Im Einkaufsgedränge achtet jeder auf Taschen und Kameras. Wer tut das aber schon im Foyer des Goethe-Nationalmuseums? Hier glaubt man sich im Kreis von Kunstfreunden und schenkt seinen Siebensachen keine Aufmerksamkeit. Das sollten Sie aber – obwohl Weimar keine sonderlich gefährliche Stadt ist –, damit Taschendiebe kein leichtes Spiel haben.

IN DER INNENSTADT PARKEN

Fahren Sie nicht in die Altstadt mit ihren schmalen Straßen, um dort eine Parklücke zu suchen. Stellen Sie Ihr Auto lieber in den Parkhäusern bei der Weimarhalle oder am Beethovenplatz ab. Von dort sind es nur wenige Minuten bis zu den Sehenswürdigkeiten.